長崎
偉人伝

平野《ひらの》富二《とみじ》

江越弘人

はじめに

「石川島播磨造船」と呼ばれていた「ＩＨＩ」は、かつては造船業を中心としていたが、現在は資源・エネルギー、環境事業、社会基盤、海洋事業、産業システム、汎用機械事業、航空・宇宙、防衛事業など日本におけるさまざまな分野の製造業をリードする巨大企業となっている。

このＩＨＩの創業者が、長崎生まれの平野富二《ひらのとみじ》である。

富二は明治二十五年（一八九二）に四十七歳の若さで亡くなっている。明治五年（一八七二）二十七歳で上京し、活版印刷の祖・本木昌造の期待に応えて、東京で活版印刷を根付かせるのに成功した。三十一歳のとき、念願の造船業に乗り出して石川島平野造船所を創立。みごと成功させるや、以後さまざまな分野の事業に取り組み、そのいずれをも成功させて今日の巨大会社ＩＨＩの基礎を作った。

平野富二の業績で大きく評価したいことは、政治家や政府官僚などに頼らずに、ほとんど自力で事を成したところである。どこの国でも同様であるが、近代工業勃興期

明治 18 年（1885）40 歳ごろの平野富二の肖像写真（平野ホール所蔵）

に事業をはじめようとする者は、大なり小なり政治家や政府と癒着し、莫大な資金を引き出して事業をおこなったものである。この点で、富二はまったく清廉潔白であった。産業勃興期の明治時代において、富二のような自力独行タイプの事業者は稀有な存在であったといってよい。

とはいえ、完全に孤独な戦いを強いられたわけではない。東京に進出して活躍していた多くの長崎人たちも、陰に陽に富二の事業を応援している。また、彼の熱意に打たれた東京財界の大立者、渋沢栄一も強力にバックアップしてくれた。

平野富二、四十七年の疾風怒濤《しっぷうどとう》の短い人生は、なにものも恐れない信念に満ちた行動と、その行動や思いに感銘した応援者たちの交流の物語である。

人間、どのように大成功した者でも、うしろ暗い側面をひとつやふたつは持っているものである。しかし私は、富二の人生にそのような陰を見出すことができない。ただひたすらに日本の近代産業の発展を願い、馬車馬のように走り抜けた富二の姿を見るだけである。

私はつねづね、富二のような偉人が誰に知られることもなく、とりわけ郷土長崎で埋もれてしまっていたことを何より残念に思っていた。今回、長崎文献社様のご厚意により平野富二の生涯を著すことを非常な喜びとしている。

江越弘人

もくじ

第一章

富二と昌造

ヴィクトリア号の遭難

機関室で忙しく立ち働いていた吉村富次郎（平野富二）は、九十四トンの小型蒸気外輪船ヴィクトリア号（日本名「長崎丸一番」）の動きがおかしくなっているのに気が付いていた。遠州灘を通過中の夕方、にわかに北西の風が吹きつのった。ヴィクトリア号は大揺れに揺れ、先ほどから大波の谷に沈みこんだかと思うと今度は波頭に突きあげられ、船の外輪はカラカラカラと空回りした。

元治元年（一八六四）十一月十九日、日付が変わり志摩半島の鳥羽港に近付いたと思われるころ、とつぜん蒸気機関が不調となり、自力航行が不能になってしまった。

ヴィクトリア号は東へ押し戻され、転覆の危険さえでてきた。操舵室で舵輪を握り、船員たちを叱咤激励していたのは、船長の本木《もとき》昌造《しょうぞう》である。

昌造は、長崎奉行所に所属する阿蘭陀通詞《おらんだつうじ》（オランダ語通訳）として安政元年（一八五四）に日ロ和親条約締結の交渉で伊豆の下田に赴いたとき、安政の大地震に遭遇している。

大地震では、ロシア使節のプチャーチンが搭乗していたロシア軍艦ナデジュダ号が大破し、やがて沈没した。帰るに帰れなくなったプチャーチンは、幕府と相談して伊豆半島の戸田浦《へだうら》（戸田村＝現在沼津市戸田）で帰国するための代船ヘダ号を建造することにした。これが日本で最初の西洋式帆船の建造となった。

本木昌造は、通訳として、また日本側の監督として、このヘダ号の建造にも関わっている。

昌造は以前から蒸気船にも関心を持っており、このこともあってか、長崎に帰った翌安政二年（一八五五）長崎奉行から蒸気船乗方等伝習掛を命じられ、万延元年（一八六〇）には長崎製鉄所の御用掛を命じられた。昌造は船乗りの専門家ではなかったが、蒸気船にも詳しいということで、文久三年（一八六三）に製鉄所用の御用船として購入したチャールズ号（長崎丸）やヴィクトリア号（長崎丸一番・第一長崎丸）に時おり船長として乗船していたのである。ちなみに、「第二長崎丸」という船もあった。同年十月に長崎奉行所が購入したもので、三隻の「長崎丸」が存在していたことになる。

機関手の富次郎（富二）は、なんとか蒸気機関を回復させようと必死に動き回ったが、出力が上がらなくなり、ヴィクトリア号は荒波のなすがままになってしまった。荒波は前から横からと襲いかかり、転覆は免れないように思われた。

船長の昌造は、船体を安定させるには帆柱を切り倒すよりほかはないと決断した。

しかし、ヴィクトリア号は大揺れに揺れ、デッキは海水にさらされ、立って動けるような状態ではない。パニックとなった乗組員は片隅にうずくまり、誰ひとり指示に従おうとしなかった。

昌造は、機関室にいた富二に千両箱を持ち出させ、「命令に従って帆柱を切り倒したら、好きなだけ小判を与える」と叫んだ。しかし、恐怖におののく船員たちは誰も従わず、昌造はついに刀を振りかざして「命令に従わなければ首をはねる」と脅した。幸いにも「もうこうなったら、金比羅大権現におすがりするほかはない」とどこから声が上がり、力を合わせて転覆を防ごうと皆が動き出した。

こうして漂流すること六日間、十一月二十四日の朝、八丈島に漂着することができた。

乗組員と船客あわせて五十六名は全員無事に救助され、翌慶応元年（一八六五）四月に二隻の船に分乗して江戸に帰っている。船長の本木昌造を江戸に残し、富二たち乗組員が長崎に帰ることができたのは、六月になってからであった。

『八丈実記』によると、ヴィクトリア号の積荷は、オランダ向けの八丈縞反物二十二箱と倭人参一箱で、船客は医師ふたりを含めて九名であったという。

海底に沈んだヴィクトリア号からは六千両の小判と洋鐘が引き揚げられた。洋鐘は現在八丈町の文化財に指定され、八丈町中之郷の祠　地蔵堂（大御堂）に吊りさげられている。

昌造が滞在中に八丈島に残したものは、島の娘に生ませた女児だといわれるが、より重要なことは、乗り合わせていた蘭方医、吉雄圭斎（幸沢）と緒方拙斎が八丈島初の種痘を島人に接種したことである。

ヴィクトリア号の鐘
（桜井孝三氏撮影）

吉雄圭斎は長崎では著名な蘭方医で、嘉永二年（一八四九）にオランダ商館医モーニッケによる牛痘痂の輸入に成功した際、楢林宗建や柴田方庵らと種痘の普及に奔走したことで知られる。

緒方拙斎は、有名な緒方洪庵の養子で、適塾を受け継いでいた。文久元年（一八六一）蘭学者たちの悲願、西洋医学所（東京大学医学部の前身）が江戸に公の施設として設立された。天然痘撲滅の機運がいちだんと盛り上がるなか、文久三年（一八六三）に西洋医学所頭取の緒方洪庵が急死してしまう。拙斎は、養父の急死への対応と、緒方家嫡子の緒方惟順のオランダ留学のために江戸に上っていたと考えられる。

このふたりの同船は、やはり種痘が関わっていたということであろう。

なお、平野富二は後年、御赦免から忘れられていた島の流人近藤富蔵（蝦夷地探検で有名な近藤重蔵の長男）の解放に尽力したことも付記しておく。

万能型「長崎地役人」本木昌造

本木昌造の肖像写真
（『活字文明開化』より）

船長の本木昌造は、日本で初めて活版印刷を始めたことで有名である。

昌造は文政七年（一八二四）に長崎で生まれ、天保六年（一八三五）に阿蘭陀通詞の名家本木家に養子にはいり、稽古通詞《けいこつうじ》となっている。

阿蘭陀通詞の階級は、大通詞《おおつうじ》四名、

小通詞《こつうじ》四名、稽古通詞《けいこつうじ》若干名（年によって違うが、十数名が普通である）からなっていた。のちに階級が増加され、通詞目付、小通詞末席、小通詞並、小通詞助など主に小通詞を補助する役職が加えられた。通詞目付は原則二名であったが、そのほかは人数に定数はなかった。

阿蘭陀通詞の中心的な任務は、四名ずつの大小の通詞のうちから一名ずつが、年番《ねんばん》大小通詞としてその年の貿易業務・外交関係業務など出島におけるすべての業務に関わり、そのほかの通詞たちの指揮監督をおこなった。昌造がのちに務めた小通詞過人《こつうじかじん》は、小通詞ではあるものの臨時的な仕事を請け負う定員外の人員で、いつも過人の役職が設置されているわけではない。

以上のような阿蘭陀通詞のほかに、正確な人数は把握できていないが、百人ほどの内通詞《ないつうじ》がいた。内通詞は、貿易のときにだけ出島への出入りが許され、取引の通訳業務の手数料で生計を営んでいた。彼らは正式な通詞として認められてはいなかったが、会話力や語学力が非常に優れていると認められた場合は、正式な阿蘭陀通詞に登用されることもあった。

アメリカ合衆国のペリーが浦賀に、ロシア国のプチャーチンが長崎に来航した嘉永六年（一八五三）には、本木昌造は小通詞過人にまで階級を上げ、阿蘭陀通詞としての実力は広く認められていた。昌造は、安政元年（一八五五）に下田でアメリカやロシアとの外交交渉の通訳として勤めたあと長崎に帰り、安政二年（一八五六）十二月二十三日（一八五六年一月三十日）に締結された日蘭和親条約では、大通詞の品川藤十郎とともに条約文の翻訳をした。

昌造が造船に関わるようになったのは、この年の十月に始まった海軍伝習からである。蒸気船乗方伝習掛として通訳にあたり、万延元年（一八六〇）十一月に長崎熔鉄所（完成時には長崎製鉄所と呼ばれた）の製鉄所掛りに任じられた。製鉄所の建設は、安政四年（一八五八）の十月にオランダ人の指導によってはじめられていた。

このあと本木昌造は、阿蘭陀通詞という長崎地役人《じやくにん》の身分でありながらなぜか通詞の本来の任務である外交交渉からは離れていき、やがて活版印刷の祖としての名声を得ることになったのである。

富二を生んだ矢次家の先祖

いっぽう平野富二は、弘化三年（一八四六）に長崎奉行所の地役人で町司《ちょうじ》の矢次家の次男として生まれた。本木昌造よりも二十一歳年下である。

父親の矢次富三郎は、自治都市長崎の警察権を預かる町司（町使とも）であった。

江戸から赴任してくる長崎奉行とその周囲の家臣と幕府から遣わされた武士たちを除いて、貿易の町長崎の住人は、すべてが町人身分となる。当時のいわゆる「長崎」は、貿易をおこなう市中長崎とその周りの郷中長崎とに分かれていた。市中長崎の生活を支えるのが周囲の郷中長崎で、市中長崎八十カ町と郷中長崎三カ村（長崎村、浦上村山里、浦上村淵）を統合して支配するのが長崎奉行であった。ただし長崎奉行は原則一年交代で長崎に赴任するため、実務は市中では町年寄、郷中では世襲の長崎代官がおこなった。町年寄と代官はともに世襲であり、やはり町人身分であった。

長崎奉行が担当する主な任務は、貿易の管理と市内の司法行政にあった。幕末、とくに重要な任務となってきたのが、しばしば来航し通商を要求する諸外国との外交交渉であった。重大な交渉事は江戸からの上使《じょうし》の到来を待っておこなわれたが、漂流民の扱いや密貿易の取締りなど、やることは山積みとなっていた。

長崎奉行がおこなう業務をもう少し細かく分析してみると、まず長崎防衛の任務がある。長崎港の内外に多くの台場を設置し、大砲（石火矢）を備えて多数の兵士を配置した。守備兵は、佐賀藩と福岡藩が一年ごとの交代（藩内の事情で佐賀藩は三ヵ月交代、福岡藩は四ヵ月交代にしていた）で長崎港を守った。つぎの業務は貿易業務である。オランダ船、中国船の出入港時の誘導、曳航、警備、さらに荷揚げ、荷下ろし、貿易品の保管と値付け、入札、搬出と、まことにさまざまである。

長崎奉行の管轄業務を大きくまとめると、海防軍事、貿易業務、キリスト教取締り、犯罪取締り（司法警察）、市民生活の保護（防火・衛生・防犯・娯楽・祭り）など多様であった。これらを、約二千人の長崎地役人が担当するのである。このなかには通訳専門の阿蘭陀通詞・唐通事や貿易専門の目利き、受払役（出納役）、唐人屋敷や出島の番人などもいた。

江戸時代の身分制度において、長崎地役人は士農工商の最低の町人身分である。しかし貿易都市長崎の複雑なところは、犯罪を取締り罪人の逮捕にあたる、テレビドラマで人気を博した「鬼平犯科帳」で有名な長谷川平蔵の配下の同心と同じような役割を、町司（散司《さじ》という役職もあった）が担っていたということである。町司は、武士とまったく同じ姿で同じ職務をおこなっていた。

町司は番方と呼ばれる地役人であるが、ほかにも外国船の来航を監視する遠見番、入港した外国船の周りを警備する船番、唐人屋敷の警備に当たる唐人番、長崎奉行所で役所や奉行の警備に当たる御役所附（船番や町司などからの任用が多い）などがあった。その任務についているときには武士として行動し、原則として役宅も与えられていた。

代々世襲の矢次家と富二

地役人の役職は基本的に代々の世襲であった。

富二が生まれた矢次家は、もともとは大村藩士の出である。正徳三年（一七一三）ゆえあって大村藩を離禄して長崎に出た平野関左右衛門が、矢次関右衛門と改名して長崎地役人の町司となった。その後、矢次家は九代目である富二の兄の重之助までつづいた。

初代の矢次関右衛門は、大村藩の記録『九葉実録《くようじつろく》』にも記されており「元禄九年（一六九六）閏九月九日板鋪役《いたしき》（大村藩では会計役のことを呼び、城内の板敷櫓に役所があった）矢次関右衛門会計足ラス　因テ浪人トナシ戸籍ヲ没入ス」との記録に符合する。古谷昌二著『平野富二伝　考察と補遺』（※以下『考察と補遺』と記載）で述べられているとおり、十五年後の正徳三年に関右衛門が町司に召し抱えられたのは、長い浪人生活のあとであったのだろう。

慶応三年（一八六七）に地役人の制度の改革がおこなわれ、町司は遠見番、唐人番、船番、総町乙名などとともに組同心と改称され、士分扱い（いわゆるサムライで明治になると士族とされた）となった。ここに町人の町、長崎で武士が生まれたのであるが、地役人そのものの数は調役（町年寄）七名を含めても八百二十四人（市制百年長崎年表）であり、一時は二千人ともいわれた地役人は急減している。

富二の父親の矢次豊三郎は八代目で生年は不明であるが、文政十一年（一八二八）八月、豊三郎が数え六歳のときに自身の父親の茂三郎（富二の祖父）が事故により亡くなったということなので（『考察と補遺』）、文政六年（一八二三）ごろの生まれと考えられる。嘉永元年（一八四八）に唐船を風波から守るために水死したという豊三郎は当時二十六歳で、富二が二歳（数えで三歳）、兄の和一郎（重之助）は六歳だった。

慶応元年（一八六五）の明細分限帳（長崎地役人の職務一覧）を見ると、和一郎（重之助）は「嘉永元年申年町司御抱入、慶応元年丑年町司定番助、同年定乗仰せ付けられ当丑年迄都合十八年相勤　町司定番　矢次重之助　丑二十八歳」となっている。年齢が不審で、重之助は慶応元年には数えでも二十三歳でなければならない。五歳も多く数えている。

このような年齢の水増しは江戸時代にはよくあったことで、当主が早逝し跡継ぎがあまりにも幼い場合には、年齢を足して報告し、お家を存続させるということがおこなわれていた。

豊三郎が亡くなったとき和一郎（重之助）はまだ六歳であったから、町司の任務を果たすのには幼すぎた。もともと長崎地役人の子弟は、数え年十二歳となると初出仕を命じられるが、当主が幼いと、年齢を水増しして出仕させたもののようである。数えの六歳であった重之助も、矢次家の用人に連れられて、まだまだ遊び盛りの幼い身で、厳めしい長崎奉行所立山役所の門をくぐったのであろう。

富二の町司修業

町司の仕事は、犯罪者の捕り物や海上での異国船の見張りなど、それなりに激務である。弐貫五拾目（年に四十両ほど）の家禄（受用高）をもらうため、幼い子どもでも役所に出勤しなければならなかった。

次男の富二は、十二歳（安政四年）になると町司の隠密方御用所番を命じられて、奉行所に隔日出勤するようになった。隠密とはいわゆる忍者のような任務をさすのではなく、奉行所以外での不正の摘発や内密の調査をおこなう仕事で、阿蘭陀通詞であった本木昌造も、一時期この任務を課されていたときもあった。幼い富二の場合は、町司の部署のなかで勤務状況を監察する隠密方の助手のような仕事なのであったろう。

富二にとって、何より大事な任務は、勉強をすることであった。隔日の出勤日には役所でいろいろと実際的な指導を受け、休日は師匠について「四書」や『春秋』、『日本外史』など学問の基礎を学んだ。このときの師匠は、太田寿吉と西原良介、仁木田豊蔵であったと伝えられている。なかでも太田寿吉は矢次家と同じく町司で、富二が八歳のときから書道を指導していた。「四書」『春秋』『日本外史』などの書物は、隠密方御用所番を務めるようになってから、休みの日に講義を受けていたという。次男や三男はいわゆる「厄介」と呼ばれ、特別の役務（加役）がなければ、無給であった。

修学中の富二に関して興味深い記録が残っている。町司として勤めるようになってから二年目の安政五年（一八五八）、十三歳のころ、町司の責任者（定乗）からこのような申し出があったという。

杉山徳三郎（十九歳）と矢次富次郎は、このたび武術の試合に出場すると聞きましたが、二人は当日、本来の役務がある者たちですので、勤め役の者一同の（武術試合）参加については免除して頂ければありがたく存じます。第一役務の励みにもなりますので、何卒許可して頂きたく、此の段お願い申し上げます

（『考察と補遺』）

徳三郎と富二の役務が何であったかはっきりしないが、町司の心得として武術の修業もおこなわなければならなかった。

杉山徳三郎

この文書に連記されている杉山徳三郎とは、富二の生涯の友となる人物である。富二と同様に蒸気機関の研究に打ち込み、一時期は富二と横浜製鉄所の共同経営にあたったこともあった。安政五年（一八五八）におけるふたりの「本来の役務」について、徳三郎の経歴から探ってみよう。

杉山徳三郎は町司杉山家の次男で、安政四年（一八五七）十八歳のとき長崎海軍伝

長崎海軍伝習所絵図（鍋島報效会蔵）

習の第二期生として伝習所に入所した。杉山家では長男の友之進が町司であり、次男の徳三郎は厄介の身の上で正式な町司ではなかったが、補充のための人員として十二歳から町司の業務を学んでいたのだろう。第二期海軍伝習に参加した地役人名簿の最後に「町司定乗　友之進弟　杉山徳三郎」として記載されている（『長崎幕末史料大成』森永種夫著・長崎文献社刊）。

徳三郎の担当学習は算術と西洋砲術であったが、彼自身の興味関心は蒸気理論とその運用技術にあったものと思われる。徳三郎と富二には「本来の役務」があるからと武術稽古を免除されたということは、徳三郎は前年に海軍伝習を命じられていることが記録からわかっているので（『長崎幕末史料大成』）、海軍伝習に専念するように命じられていたのであろう。富二について同様の記録は見当たらない。年齢は十三歳と若く「厄介」の身の上であるので、公式か非公式かはわからないが、海軍伝習に関わっていたのではないかと考えることができる。

長崎製鉄所に貢献した地役人たち

長崎製鉄所は、海軍伝習の一環として、初代伝習所長の永井尚志《なおゆき》（なおのぶ説もある）のとんでもない英断、職権専断によって安政四年（一八五七）から建設がはじまった。江戸時代では、莫大な資金を要する事業を上司の許可を待たずに実行することは、まずありえないことである。許可すべきか逡巡する幕閣を尻目に、永井は独断で建設資材をオランダに発注した。幕府は永井を召喚するものの、建設資材を積み込んだオランダ船は入港目前であった。こうして永井は、第一次海軍伝習で育てた伝習生が運転する観光丸で江戸に帰っていった。

上司の長崎奉行（川村対馬守）の意見も受け入れずに断行した永井は厳しく責めら

オランダより幕府に贈られた軍艦「観光丸」(「和華蘭」より)

れたものの、幕府はこれほどの優秀な人材を切り捨てることができず、親友岩瀬忠震《ただなり》の援護もあり、江戸に軍艦操練所を設立したり、外国奉行に任じられたりした。慶応三年(一八六七)には旗本の身分でありながら、大名が務める若年寄に登用された。のちに永井は、最後の将軍慶喜のために「大政奉還」の下書きを書いたのであった。

今日の長崎造船所は、永井のこの英断がなかったら存在しなかったであろう。

本書の範囲ではないが、海軍伝習生は永井が選抜したもので、「日本の海軍をつくった」と自慢している勝海舟も、永井に見出され引き立てられた者であった。

長崎製鉄所は、ハルデスのようなオラン

建設中の長崎製鉄所（ポンペ著『日本での五年間』より）

ダ人たちだけで建設されたものではなく、技術に詳しい地役人も選抜されて加わっている。製鉄所建設の動きがはじまったのは安政二年（一八五五）からで、参加した地役人は大木藤十郎（御役所附触頭助）、山本物次郎（御役所附触頭）、横山喜三太（御役所附触頭助）、竹内卯吉郎（御役所附）、野口善太夫（御役所附）、嘉悦良三郎（遠見番）、児島羊太郎（遠見番見習）、池辺竜右衛門（唐人番）、緒方賢次郎（船番）などの名前がわかっている。途中、安政六年（一八五九）には長崎海軍伝習所が閉鎖されたが、製鉄所の建設はつづき、足かけ五年の歳月を経て、文久元年（一八六一）に長崎製鉄所が完成した。

完成直前の万延元年（一八六〇）には、本木昌造が製鉄所御用掛を命じられている。この昌造の製鉄所行きは、じつは左遷であったように思われる。安政二年（一八五五）から安政五年（一八五八）まで、昌造は理由は不明ながら罪を得て入牢しており、その後二年ほどの謹慎期間を経て製鉄所勤務となったのである。

十六歳となった富二は、長崎製鉄所の機関手見習に任じられた。蒸気機関について海軍伝習所で学んでいたかどうかはわからないが、周囲は富二の学びの姿勢をよく知っていたのかもしれない。同僚の杉山徳三郎は、すでに安政六年（一八五九）に研究生として製鉄所に派遣されていた。

安政四年（一八五七）、海軍伝習所長の永井尚志をはじめ第一期伝習生を乗せて江戸まで航海した蒸気軍艦「観光丸」は、竹内卯吉郎、本庄寛一、武井茂四郎、中尾若次ら四人の長崎地役人が蒸気機関を動かしたという。長崎で蒸気機関に詳しかったのは、おそらく平野富二や杉山徳三郎だけではないであろう。近代技術の取り入れに励んでいた多くの長崎の人々の熱気のなかで、富二もそのひとりとして頑張っていたのである。

二隻の蒸気船と師弟

富二は、生涯にわたって本木昌造を師として仰ぎつづけた。昌造の懇切な要請を受けて活版印刷を成功させ、昌造の遺族に年金を仕送りして最後まで面倒をみた。なぜこれほどまでに本木昌造に尽くしたのだろうか。

ふたりの出会いは文久元年（一八六一）、日本で最初の近代的機械・船舶修理工場である長崎製鉄所が完成し、十六歳の富二が機関方見習として勤めることになったときである。本木昌造はその前年の万延元年（一八六〇）に、完成間近の製鉄所御用掛（おそらく通訳の任務）に任じられていた。当時、昌造は三十七歳で、富二より二十一歳も年上であった。この親子ほども歳の違うふたりは、わずか二、三年のあいだではあるが、蒸気船を運航して生死をともにしたのである。

長崎製鉄所が完成すると、本木昌造の建議といわれているが、文久三年（一八六三）二月に製鉄所用の蒸気船が二隻購入された。一隻は木造外車蒸気船チャールズ号で、総トン数百三十八トン、出力六十馬力で、日本名を「長崎丸」といった。二隻目はヴィクトリア号で、鉄甲外車蒸気船・総トン数九十四トン・出力六十馬力であった。日本名は「長崎丸一番」または「第一長崎丸」と呼ばれた。

この二隻の蒸気船は、文久三年（一八六三）十二月にチャールズ号が沈没し、元治元年（一八六四）にヴィクトリア号が沈没するというように非常に短命であったため正確な情報が残っていないが、昌造と富二のふたりはこの両船と深く関わっていた。ほかに長崎奉行所が使用していた蒸気船に、「第二長崎丸（長崎丸第二）」と「平運丸」があった。「第二長崎丸」は文久三年十月に購入されたスクリュー型蒸気船で三百四十一トン・百二十馬力、「平運丸」は七百五十トン・百五十馬力の鉄製スクリュー型蒸気船である。平運丸は薩摩藩が元治元年に購入した船で、船籍は薩摩藩であったが、長崎奉行所がしばしば利用していたという。（『史料大成』）

これらの蒸気船はどのように運行されていたのだろうか。

購入二カ月後にあたる文久三年四月、チャールズ号（長崎丸）は大坂へと向かっていた。船長は本木昌造、機関手は当時十八歳の矢次富次郎（平野富二）である。十六歳で長崎製鉄所に勤務し、蒸気機関の運転を学んだ富二にとっての初航海であった。チャールズ号がどのような理由で大坂まで航海したのかはわからないが、十四代将軍徳川家茂《いえもち》が上洛していた時期に重なるのは偶然ではないだろう。

家茂は、文久三年二月十三日に江戸城を出発し、三千人のお供を引き連れて東海道を通り、三月四日に京都の二条城にはいった。朝廷は一刻も早い攘夷の実行を迫っており、事態は紛糾していた。いたずらに時間だけが流れていくなか、孝明天皇は三月十一日に加茂神社に、四月十一日には石清水八幡宮に、攘夷祈願の行幸をおこなった。追い詰められた家茂は、五月十日を攘夷決行の日と決定を下すのである。

大阪湾内を巡視することにした家茂は、四月二十三日には勝海舟（勝麟太郎）が艦長を務める「順動丸」（四百五十トン・三百六十馬力、文久二年十月購入）で兵庫・神戸・西宮を、二十六日には神崎川の岡山藩警備の台場を、二十八日には泉州、紀州沿岸を巡視し、紀淡《きたん》海峡の友ヶ島・加太《かだ》浦まで航海した。途中、天候が悪化したため加太で一泊避難して、家茂は大坂（天保山沖）へ戻った。さらに五月四日には播磨・淡路まで巡視し、十一日に京都へ戻った。この家茂の巡視に際して本木昌造のチャールズ号は、公卿の姉小路公知を乗せて加太浦まで随行したと記録にある。

六月三日には老中の小笠原長行が多数の幕兵を率いて入京しようとしたためひと騒ぎがあったものの、家茂は六月九日に「順動丸」に乗って大坂から江戸に帰っていった。『続徳川実記』には、「順動丸」は午前八時頃に品川沖に着船し、お供の船「朝陽丸（後に軍艦朝陽）」は夕方着船、幕府輸送艦「鯉魚門《らいもん》」は午前零時頃、「咸臨丸」は翌日午後二時頃に着船したと記されている。家茂の大阪湾内巡視には、これらの艦船がお供をしたのだろう。

昌造のチャールズ号は、途中で家茂座乗の艦隊と別れて長崎に戻ったらしい。これからひと月も経たない七月、昌造は今度はヴィクトリア号の船長として北九州に向かっている。富二が機関手であったかは不明である。

攘夷の波に翻弄されて

この頃、長州と薩摩では大事件が起こっていた。

長州藩では五月十日に予定通り攘夷を決行し、六月にかけて下関海峡でアメリカ船やフランス船、オランダ艦などを砲撃し、多少の損傷を与えた。昌造のヴィクトリア号も、下関海峡における長州藩の様子を偵察するため派遣され、若松港で長州藩士から危うく捕獲されようとしたこともあった。

薩摩藩では、七月二日にイギリス艦隊が生麦事件の報復として来襲し、鹿児島市内を焼き払われた。その際三隻の蒸気船を失ったため、長崎奉行からチャールズ号を借用することになった。

十二月には家茂が再上洛することとなり、勝海舟の『氷川清話』によると、海舟の建議により海路で向かうことになったという。家茂が座乗したのは「翔鶴丸」(三百五十トン・三百五十馬力、船長肥田浜五郎）で、随行の艦船は「朝陽丸」「千秋艦」「蟠龍丸」「第一長崎丸（ヴィクトリア号か？・）」（船長鈴木卓太郎）、福井藩から「黒龍丸」、薩摩藩から「安行丸」、佐賀藩から「観光丸」（幕府から借用）、加賀藩から「発起丸」、南部藩から「広運丸」、福岡藩から「大鵬丸」、松江藩から「八雲丸」の十二隻であった。

薩摩藩借用のチャールズ号が下関海峡で長州藩砲台によって砲撃され沈没したのは『考察と補遺』に文久三年十二月二十二日と記されている。家茂再上洛の頃、ヴィクトリア号（このときには富次郎が機関手であった）は、僚船チャールズ号を失って玄界灘あたりを長崎へ帰航の途中であるはずなので、勝海舟の記録の中の、家茂に随行した「第一長崎丸（＝ヴィクトリア号？・）」とは何であったのかと考え込んでしまう。

『氷川清話』に「第一長崎丸」の機関手の名前は記されていないが、『考察と補遺』には「この時（家茂の再上洛）は、本木昌造の弟子である唐通事出身の陽其二《みなみきじ》が機関手として搭乗していたと伝えられている」と紹介されている。『唐通事家系論攷』（宮田安著一九七九）によると、陽其二は「文久二年（一八六二）九月将軍上洛に供奉。長崎丸機関方拝命　二十五歳」となっている。著者の宮田安氏は「本人の自筆の履歴の転写らしく信頼されよう」と述べているが、上洛の年月が違うなど問題もあるようだ。

歴史研究者が家茂の伝記を調べるにあたり、もっとも頼りにしているのは『続徳川実記　昭徳院御実記』であるが、残念ながら文久三年七月から十二月の記事が欠けている。翌元治元年（一八六四）正月十四日の項に「公方様去る八日大坂御城江御着被遊候間」との記述がある。家茂は十四日には大阪を出発して、淀川を上り十五日に入京した。この二度目の上洛は、右大臣に任じられるなど形式的な行事が多く、目的が何であったかわかりにくいが、滞在期間は意外にも長い。江戸城に帰ったのは元治元年五月二十日であった。どのような艦船を使用したのかわからないが、おそらく出発の時と同じ艦船であったのかもしれない。

これらから、陽其二が「文久二年に将軍上洛に『長崎丸』を運転した」という『唐通事家系論攷』の記述は、本来は文久三年から元治元年にかけてのことであろうと考えられる。また、『氷川清話』に見られる「第一長崎丸」とはヴィクトリア号ではありえない。家茂二回目上洛の時にはチャールズ号は既になく、ヴィクトリア号つまり「第一長崎丸」は昌造と富二のコンビで長崎にいた。とすると『氷川清話』中の「第一長崎丸」は「第二長崎丸」でなければならない。そうすると、機関手は陽其二であってもおかしくない。

陽其二は本木昌造と親しく、昌造のためにいろいろ尽くしたことはよく知られている。また、東京に出た平野富二のためにも働いたのも事実である。ただし、其二が昌造の弟子であったということはやや疑問がある。昌造は阿蘭陀通詞、其二は唐通事で、幕末には唐通事は英語を学び、多くの人材を輩出している。しかし唐通事たちは、阿蘭陀通詞たちに英語を学ぶことはなかったという。慶応元年（一八六五）に小通事末席で稲佐製鉄所（長崎製鉄所）勤務を命じられた時、すでに其二は、中国語はもちろん英語も、近代的な運転技術も身に付けていた。其二は、昌造からいろいろ教えを受けたということよりも、富二同様に、昌造の人柄に敬服していたということだと思う。

元治元年は攘夷・攘夷で慌ただしく、七月には京都で蛤《はまぐり》御門《ごもん》の変が起り、八月には英米仏蘭連合艦隊の下関攻撃、いわゆる馬関戦争が起こった。これとほぼ同じ時に幕府は長州戦（第一次）を始めている。

このような騒ぎのなか、昌造と富二（富次郎）が運転するヴィクトリア号は、九月に大坂、江戸へと向かい、11月に遭難事故に見舞われるのであった。

第二章

蒸気機関手、平野富二

ヴィクトリア号遭難後の富二

長崎製鉄所は、文久二年（一八六二）に購入した二隻の蒸気船を、わずか二年で失ってしまった。残ったのは、少し遅れて購入された「第二長崎丸」であった。この船は記録の中で「長崎丸」と記述され、しばしば混乱のもととなっている。なお、「第二長崎丸」は、慶応四年（一八六八）十一月に旧幕府側の軍艦として庄内藩救援に向かう途上で嵐に遭い、飛鳥（現・酒田市）で遭難大破したという。つまり、操業を始めたばかりの長崎製鉄所は、大事な手足をもがれてしまった状態となったのである。

本木昌造の船長としての仕事は終わりを告げたが、営業を始めたばかりの長崎製鉄所では、まだまだ昌造の手腕に期待するところがあった。

慶応元年（一八六五）の明細分限帳に、本木昌造についての記載がある。

天保六未年（一八三五）稽古通詞、同十一子年（一八四〇）小通詞末席、弘化三午年（一八四六）小通詞兼（?）、嘉永四亥年（一八五一）小通詞助、同六丑年（一八五三）小通詞過人被仰付、当丑年（慶応元年・一八六五）まで都合三十一年相勤　無給
同過人　昌左衛門せがれ本木昌造　丑四十三歳

ここには、製鉄所に勤めたとも、蒸気船を運航したとも書かれていない。

富二と蒸気機関仲間であった杉山徳三郎については「製鉄所械関（機関）方の役職で一代限りの町司格である　慶応元丑年に新規製鉄所械関方に任じられ、一代限町司格仰せ付けられた　受用高壱貫五百目で弐人扶持を当たる　杉山徳三郎」と町司の項目の末尾に明確に記されている。

本木昌造は、養父の昌左衛門が通詞目付を務めており、本木家の受用高は五人扶持と銀七貫目であった。長崎地役人の給料は、武士の家禄と同じようなもので、当主が幼く勤めができない場合でも「何石取」とかいう武士と同様、その家には決められた扶持米とか受用銀がくだされた。そのため、父や兄が給料を受けているならば、役職としての給料以外は無給となっていた。

杉山家については、徳三郎の兄の友之進も、御役所附助として弐貫百四拾目と弐人扶持、手当銀三百目を受けている。徳三郎が受用銀をしっかりともらっていたところを見ると、新しく別家を立てることを許されたのかもしれない。

それにしても、吉村富次郎（平野富二）についての記録がないのはなぜだろうか。

兄の矢次重之助については、町司定番としてしっかりと記録されている。明細分限帳には矢次重之助は「受用高弐貫百四拾目、弐人扶持　丑二十八歳」とある。富二については、この年にはまだ長州藩御用達の吉村家の人間で、長崎地役人としては記録されなかったものと考えられる。

事態が複雑なため確実なことはいえないが、富二は文久二年（一八六二）に長州藩蔵屋敷の御用達商人吉村庄之助の養子となり、慶応二年（一八六六）に吉村家と離縁して新しく一家を起こし、先祖の「平野」と名乗っている。つまり、一八六二年から六六年までの四年ほど、富二（富次郎）は長州藩ゆかりの吉村家の人間であり、地役人として記録されなかったのだろう。そのあいだも長崎奉行所管の長崎製鉄所の機関手として勤めていたため、富二の身分は微妙なものがあったのではないか。

吉村富次郎については、分限帳に「船番吉村藤兵衛の倅」としての記載があるので、後述したい。

下関戦争

富二についての記録は、慶応二年（一八六六）に見られる。それによれば、慶応二年に幕府が購入した蒸気軍艦「回天」（排水量一六七八トン）の一等機関方に任命され、

軍艦「回天」（市立函館図書館所蔵『遊撃隊起終並南蝦夷戦争記附記艦船之図』より）

七月に幕府と長州藩と争った下関戦争にも幕府方として参加している。

下関戦争とは第二次長州戦争のことで、一月に坂本龍馬の周旋により薩長連合が成立、六月には幕府によって長州再征の戦端の火ぶたが切られた。いっぽう長州藩も、六月十七日に門司方面で奇襲上陸をおこなった。この作戦には、坂本龍馬たち亀山社中が運航していたユニオン号（スクリュー式蒸気船、荷積二百六十トン　長州名「乙丑丸」）も参加している。

この戦争でもっとも激しかった海戦は、七月二十七日に勃発した。幕府側軍艦は「回天」と「富士山」で、長州側の「庚申丸」（四十七トン）、「丙寅丸」（九十トン・別名「オテントサマ号」）と長州藩の赤間関砲台とのあいだでの激しい砲撃戦である。「富士山」は、砲身が破裂する事故で戦列を離れ、「回天」は三方面から攻撃されるという苦戦に陥ったが、砲弾が降り注ぐ下関海峡を突破し、日向灘・大隅海峡を廻って長崎に帰港した。「回天」の進退が自由であったのは、機関手の矢次富次郎（平野富二）の技術が熟練していたからであろうとの声が、敵味方からあがったという。

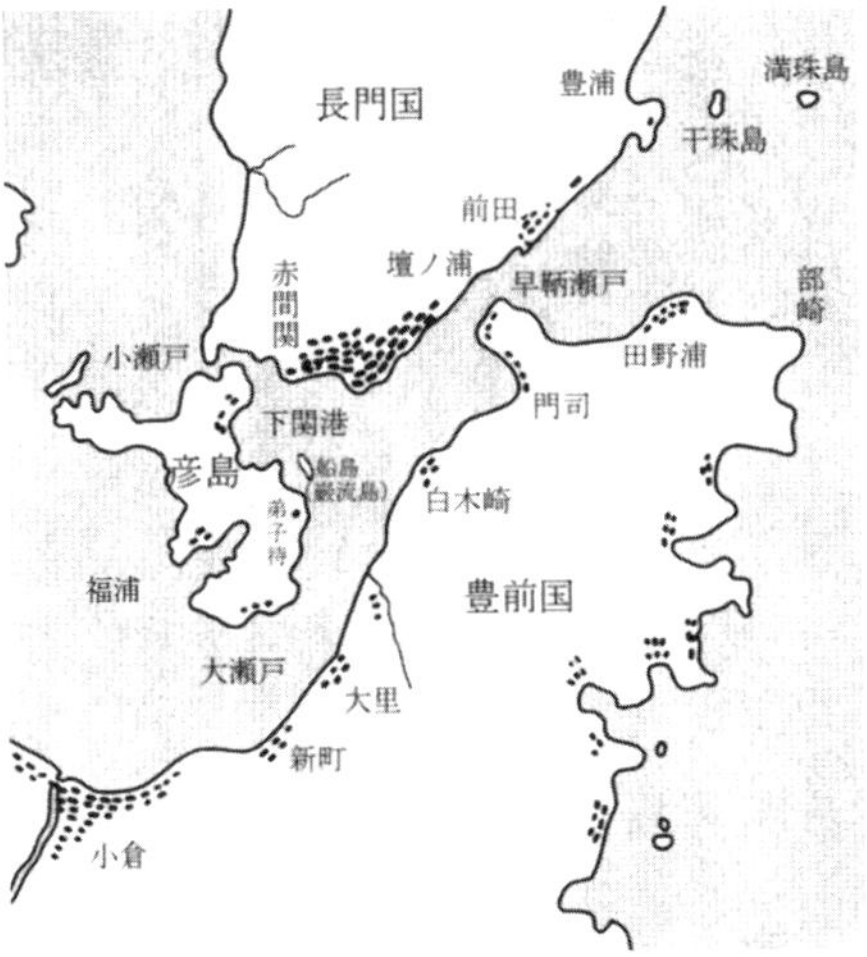

下関戦争の関係地図
（古谷昌二編著『平野富二伝　考察と補遺』より）

　この海戦の直前の七月二十日には将軍徳川家茂が大阪城で薨去《こうきょ》しており、知らせを受けた幕府側の総指揮官小笠原長行《ながみち》は戦意を喪失、「富士山」に搭乗して長崎に向かった。この小笠原長行の敵前逃亡により幕府側の敗戦が決定的となり、長行は老中を罷免され、逼塞を命じられた。

　長行の弁護をするわけではないが、彼は唐津藩の世子で、藩主ではなく藩主の息子である。つまり長行は一藩士として特例をもって老中に任命されており、そのため長行は、将軍家茂に特別な思いを持っていたと考えられる。家茂の死は、長行にこの戦いの意義を失わせたのであろう。江戸時代に幕閣、いわゆる老中・若年寄（首相や大臣）などになって行政を司ることができたのは譜代藩の藩主で、しかも日本の中央部の大名であることが条件（原則）であった。

長崎に来た長行は、ようやく戦場から戻ってきた「回天」に乗り移り（そのまま富士山に乗っていたという説もある）、その日のうちに大坂へ出港するよう命じた。あいにくその日は天候が次第に悪化しており、台風の襲来が予測されていた。あまりにも無謀だと周囲が諫めたものの長行は聞き入れず、富二が運転する「回天」は台風襲来のなかでの出港となった（「回天」と「富士山」の二艦のことかもしれない）。

この台風は各地で甚大な被害をもたらし、遭難する船舶も多かったという。「回天」も八月十九日に何とか大坂に到着し、九月三日には家茂の遺骸を乗せた「長鯨丸」（九九六トン）に随行して江戸に向かった。

史料（『考察と補遺』）からはよくわからないが、「回天」は長崎奉行所から江戸の軍艦所に移籍することが決まり、富二は軍艦所への転勤と一等機関手の内命があったという。しかし江戸に着いてみると、軍艦所勤務の内命は取り消され、長崎に戻ることになった。

このあたりのことは史料によって少しずつ違いがあるものの、富二は「内命があったが、変更となって長崎に送り返され、内命された職を免じられた」か「幕府に色々建策したが入れられなかったので辞職した」かのどちらかであろう。

筆者としては、後者の「みずから辞職した」というほうが、富二らしいと思っている。富二のその後の人生からは、いったん決めたらなにものも恐れない行動力が見て取れる。下関海戦でも、台風下の航海も、運転技術が優れていたことよりも、非常事態のなかで、大胆にしかも沈着に行動したからこそ、人々を驚かす運転ができたのではないか。二十歳そこそこの若僧が、幕府非常事態の最中に江戸まで航海し、しかもみずからの言葉で意見を述べたのである。これはいかにも富二らしいといえるだろう。

慶応二年（一八六六）九月過ぎに長崎に帰り、一等機関手の職あるいは長崎製鉄所そのものを辞めた富二は、吉村家との養子縁組を解消して矢次家に戻ることになったが、先祖が大村藩時代に名乗っていた「平野」姓とすることにした。

江戸時代、地役人は家禄（受用銀）をいただくことから、別家を立てることは難しかった。そのまま「厄介」の身の上で兄の世話を受けるか、養子に行くほかに道はなかったのである。そのようななかで、富二が吉村家と離縁して「平野」家を立てることが可能だったのだろうか。技術者として受け入れられる道ができつつあったのかもしれない。

坂本龍馬との交流

長崎に帰ってからの富二が製鉄所で働いていたかどうかはわからないが、慶応三年（一八六七）三月には土佐藩に雇われることになった。月々の手当てが二十五両七人扶持で、土佐藩の蒸気船機械方、二十二歳となっていた。

富二と土佐藩とを結びつけたのは、坂本龍馬であった。

龍馬が富二を知ったのは、文久三年（一八六三）大阪湾でチャールズ号に乗り込んだことからであったといわれている。龍馬は四年後の下関戦争にもユニオン号で参加している。そのため龍馬は、富二の活躍や運転技術の素晴らしさをよく知っていたのであろう。慶応三年一月、土佐藩の重臣であった後藤象二郎は、脱藩浪士であった亀山社中の坂本龍馬と長崎の料亭清風亭で会見し、海援隊への組織替えの話し合いをおこなった。その際に龍馬が、当時長崎製鉄所を辞職あるいは休職していた富二を後藤に推薦したのではないだろうか。

富二自身が書いた「造船営業之来歴」には以下のように記されている。

「慶応三年（二年の誤り）汽船回天丸一等機関手を仰せ付けられ下ノ関の戦争に出張ス　其後本船を旧幕府ニ引き渡したのち土州藩ニ雇われ汽船夕顔、若紫、空蝉号等の一等機関手を相い勤める」

富二は、慶応三年（一八六七）七月八日、土佐藩が六月にイギリス商人グラバーから購入した小型木造スクリュー式蒸気船「若紫」（総トン数百四十トン、出力二十五馬力原名ナンカイ＝南海）を運転して土佐に向かって出港した。

ところがその前日、有名なイカルス号事件が発生していたのである。

慶応三年七月六日の夜、長崎の遊郭丸山で泥酔して、遊女屋の前で横たわっていた英国軍艦イカルス号の水兵ハッチングスとフォウドのふたりが（ともに二十三歳）何者かに惨殺された。時あたかもこの事件から逃れるように、土佐藩の帆船で海援隊士が運転する「横笛丸」と蒸気船「若紫」が翌日早朝（富二側はその日の午後十時と主張し、のちに認められている）あいついで出港したのである。横笛丸はその日の正午ごろ長崎港に戻ってきたが、富二が運転する「若紫」はそのまま土佐に向かい、兵庫を経由して七月の二十五日に高知の浦戸港に入港している。

いっぽう長崎にはイギリス公使パークスが来港しており、この事件に激怒して早急な犯人の逮捕を要求してきた。長崎奉行所ではこの二隻の動きが怪しいと、土佐にまで赴いて厳重な取り調べをおこなった。取調べの内容は省略するが、真相はなかなか判明せず、二名の長崎奉行、徳永石見守と能勢大隅守が英国公使パークスの強硬な抗議によって辞任させられてしまった。

じつは真犯人は福岡藩士で、事件の翌日に告白して切腹していた。福岡藩ではこれを秘密にしており、翌慶応四年（明治元年・一八六八）にようやく真相が判明した。

この事件で、富二だけが土佐藩士でなく、姓も矢次、吉村、平野とくるくる変えていたことから怪しまれ、厳重な取り調べを受けている。

イカルス号事件で訊問受ける

富二への訊問は「慶応三年八月八日　土州洲崎港（須崎）において南海丸（若紫号）乗組みの士官への訊問」という記録に「乗組士官四人内壱人　長崎地役人厄介平野富

次郎」として紹介されている。

富二は、事件当日の六日夜は上陸していないと答えた。この須崎港での取り調べは難航し、長崎に場所を移して取り調べることになった。長崎での取り調べは、八月十五日に運上所（税関）の二階でおこなわれた。富二は、海援隊の才谷梅太郎（坂本龍馬）と石田英吉、渡辺剛八等とともに取り調べを受け、最終的には才谷の弁明のおかげで疑いを解くことができたという。

龍馬と富二を含む土佐藩士の行動の制約が解かれたのは九月十日のことで、そのひと月近くのあいだ龍馬や富二たちはしばしば会合して話し合った。この短期間に、龍馬と富二は交友を深めることができた。

このイカルス号事件が（土佐藩にとって）ひとまず解決したあと、龍馬は九月十八日に広島藩（芸州藩）の震天丸を借用し、土佐に向かう。さらに須崎で土佐藩の空蝉号に乗り換え十月五日に大阪へ向かった。それから時代は矢継ぎばやに動き、十月十四日には徳川慶喜は大政奉還をおこない、ひと月後の十一月十五日には龍馬が京都近江屋で何者かに暗殺された。

疑いが晴れた富二は、須崎からイカルス号事件取り調べのために龍馬たちとともに乗船してきた夕顔号（蒸気船六百トン、百五十馬力）に乗組み、龍馬に遅れること十日の十月十五日に土佐へ廻航した。その後も土佐と兵庫のあいだを数回運航し、今度は「空蟬号」（蒸気船百十六トン、百五十馬力）に乗組むことになった。

この空蟬号は船齢に比して老朽化しており（一八六三年建造で慶応三年時には船齢四年）、兵庫で故障した方向舵を修復し、長崎、土佐、兵庫間を運航した。全体的にガタが来ており長距離航海は無理として売却することにし、長崎に廻航してきた。十一月の終わりごろか十二月の初めごろのことだと思われる。

しかし、このころは時代が急迫しており、土佐藩では空蟬号の代船の購入を諦めて、乗組員を解雇することとなった。長崎での土佐藩の責任者であった佐々木三四郎（高行）の日記には「十二月六日、九時（午前か）から若紫号へ検査に行く。野崎傳太、山本勘作、平野富次郎並びに官太郎に出会う。夕方、空蟬号の船長をはじめ士官乗組などを御免（解雇）することに決めて、その出身地の藩へ、雇用契約解除の書状（御切紙）を出した」とあり、富二は、この時点で土佐藩の蒸気船乗組みを免除されて国元（長崎奉行所）へ戻された。

ちなみに、十一月十五日に暗殺された坂本龍馬の訃報は、富二が運転していた空蟬号で長崎へともたらされた。その空蝉号の長崎入港は、佐々木の日記によると、十二月六日前後であったのだろう。富二が龍馬の死を知ったのは、長崎なのか兵庫出港前なのかは定かではないが、「平野先生が其報（龍馬暗殺）に接し『友愛の情に耐えず』唯、此の言葉よりほかに出なかった」という。よほど残念に思ったのであろう。

生涯の友（十三歳も先輩ではあったが）とも思った坂本龍馬の付き合いは、文久三年（一八六三）から慶応三年（一八六七）までのわずか四年（それでも龍馬来崎の一年前からとなる）ではあったが、一介のエンジニアと国事を憂える壮士との違いを超えて、互いに与える影響は大きなものがあったと考える。

第三章

活版印刷への挑戦

本木昌造との再会

富二は、慶応三年（一八六七）十二月六日に土佐藩を解雇されて長崎製鉄所に戻ったが、製鉄所では差しあたって特段の仕事はなかったようである。

大政奉還後の十二月九日には王政復古の大号令が出され、明治新政府がスタートしたが、明けて一月三日には、怒りが収まらない旧幕府側と討幕の意気に燃える薩長とのあいだに戦いが起こった。鳥羽伏見の戦いである。旧幕府軍は総崩れとなり、前将軍徳川慶喜は江戸に逃げ帰り、長崎奉行の河津伊豆守も一月十五日に英国船で長崎を脱出した。こうして長崎は、新政府の支配下に一変した。

当時長崎製鉄所の支配を任されていたのが、本木昌造である。ヴィクトリア号が八丈島で沈没したあと、ほかの乗組員と離れてしばらく江戸に滞在していた昌造が長崎に戻ったのは、慶応元年（一八六五）の九月のことであった。幕府は長崎で造船をおこなうことを見限り、この年の十二月ころから、江戸に近い横須賀に大造船所を造りはじめた。

平野富二をはじめ、近代技術の心得のある地役人が、各地の諸藩に招かれて指導をおこなったのはこの時期である。彼らについての記録は乏しいが、長崎ではかなり多くの地役人技術者が養成されていたようで、富二とともに土佐藩に雇われた長崎地役人として竹内良助、石崎麒一郎、中村六三郎の名前がほかの史料（『長崎幕末史料大成』）に見える。また、富二の先輩であった杉山徳三郎は、万延元年（一八六〇）に薩摩藩に雇われて天祐丸を運転し、その後は熊本藩にも雇われ、明治になってから大聖寺藩に雇われて琵琶湖で蒸気船を建造している。

長崎では慶応四年（明治元年・一八六八）二月十五日に九州鎮撫総督・長崎裁判所総督の沢宣嘉が着任し、新政府の支配下に入った。「富二の履歴」によると、二月（何日かは不明）に長崎製鉄所の機関手を拝命したとあるので、長崎が新政府下にはいったときに富二の任務もはっきり決まったのであろう。

慶応四年（明治元年）の長崎での動きや人事などは錯綜しており、矛盾した部分も見られる。

その年の五月、富二は軍艦「朝陽」に乗り組んで兵庫までの廻航を命じられるが、瀬戸内海にはいったところで（山口県宇部市沖）、スクリューの辺りが折れて航行不能に陥った。下関で上陸した富二は、長崎街道を日に夜を継いで戻り、詳しい状況を長崎府判事の井上聞多（馨）に報告した。井上は、状況を京都へ報告し修繕費を請求さ

軍艦「朝陽」（安達裕之氏所蔵「西洋舟図六枚之内江戸」より）

せるため富二に本木昌造を同行させ、さらに「朝陽」を長崎に廻航し修繕するために野村宗七判事を派遣した。

富二と昌造のふたりは、京都で所用を済ませたのちに大阪に立ち寄り、大阪高麗橋鉄橋建設と浚渫機械製造の費用七万両を受け取り、米国の郵便船コスタリカ号で帰ってきた。長崎に戻った日時は不明であるが、おそらく六月中には戻っていたのではないか。

この「朝陽」の廻航を指示したのは長崎裁判所判事の井上聞多であるが、井上は六月に製鉄所御用掛となり「従来の悪弊を一掃し云々」という製鉄所改革の示達を長崎地役人にくだしている。

これに対し、七月四日に青木休七郎以下の地元製鉄所掛一同は「向後会計局より御下げ金一切ご廃止下され、掛の食禄も返上し、分骨細身当局と存亡を共に奉功仕り云々」と申し出ている。この文章の主旨は「長崎製鉄所の経営が振るわないので、改革するようにとの仰せであるので、今後は製鉄所職員の給料は、裁判所からはいただかないで、製鉄所の利益金から賄うようにします」という重大な内容であった。

この青木なる人物は当時の製鉄所頭取助の役職で、頭取は本木昌造と吉田鶴次郎である。青木はそれまで製鉄所とは関係のない商人であったが、井上聞多が製鉄所掛に就任した際に抜擢された人物であった。つまり長崎製鉄所の実権は、井上聞多が青木休七郎をとおして振るっていたと考えることができよう。

これらの動きは、経営不振の長崎製鉄所の負担を、明治新政府の長崎裁判所から軽減させることをもくろんでのことだった。しかし、やがて製鉄所の経営が回復して利益を出すようになると、その利益金は裁判所には上げられず、製鉄所内部で分配されていった。このことが長崎製鉄所の汚職の原因ともなり、のちに職員の逮捕や免職、ひいては製鉄所民営化などの遠因ともなったのである。

昌造の辞任

しかし、本木昌造中心の長崎製鉄所運営は長くはつづかなかった。明治二年（一八六九）九月、頭取の本木昌造と吉田鶴次郎は、病気を理由に製鉄所を退職した。その後、頭取助役であった青木休七郎が頭取を務めることとなる。本木昌造の退職までの動きを検証してみたい。

明治元年（一八六八）
六月ごろ、昌造が大阪から長崎に帰って来たと思われる
七月二十四日、長崎製鉄所の職員一覧が出され、昌造は頭取に名前を連ねる
八月一日、長崎製鉄所が製造した鉄橋「くろがね橋」が完成
八月、昌造が経営する長崎新聞局から崎陽雑報を致遠閣（佐賀藩）名で発行
八月、平野富二が長崎製鉄所機関方となる
十二月六日、薩摩藩とグラバーの共同建設の小菅修船場が完成（慶応二年着工）
十二月、富二が長崎製鉄所一等機関手となる
明治二年（一八六九）

三月十一日、明治新政府が小菅修船場を洋銀十二万枚で買収
　長崎製鉄所付属となり、修船場の技術担当責任者は富二
四月、昌造が製鉄所頭取名で示達を出す
「近頃所内に不和の兆しがあるので、心置きなく気付いたことは申し出るように」
五月、沢宣嘉長崎府知事が外務卿に転出。府判事の井上聞多は、大蔵省造幣頭に任命
六月　活版伝習所開設。印刷技師ガンブルにより九月から翌三月まで伝習
七月十七日、長崎府から県へ、野村宗七（盛秀）が長崎県知事に就任
九月、昌造が製鉄所頭取職を辞任。青木休七郎、頭取に就任
　富二は製鉄所元締役助に任命

昌造辞任後の製鉄所職制は「頭取＝青木休七郎、頭取助＝本庄寛次郎・牧斐之助、元締役＝野田耕平・加藤雄次郎・品川藤十郎、元締役助＝香月新助・平野富次郎、機関方＝吉田新・矢島良之助・御幡栄蔵・戸瀬昇平、勘定役＝飯島与八郎・中島真次郎・品川熊次郎、勘定役助＝片山、職方差配役＝亀嶋・梅津・吉田、附役＝沖田正次郎・

吉岡喜十郎・小田」となっている。

こうして本木昌造は、情熱を注いだ造船業（長崎製鉄所）から身を引き、今度は活版印刷と教育（新町新塾）へと熱意を向けていくのである。

小菅修船場と立神ドックの責任者

平野富二が、明治元年（一八六八）八月に長崎製鉄所機関方に正式に登用されたのは、頭取であった本木昌造の抜擢によるものであったのだろう。ここから長崎製鉄所での富二の大活躍がはじまる。

明治二年（一八六九）三月、明治政府は四カ月前に完成したばかりの小菅修船場《こすげしゅうせんば》をグラバーから買収し、長崎製鉄所付属として一等機関手の平野富二を責任者にした。

この修船場はグラバーから買収したといわれるが、もともとは薩摩藩（小松帯刀・五代友厚）が構想し幕府に許可を得ていたもので、慶応二年（一八六六）に着工してから は資金面でグラバーの援助を受けていた。建設工事は、五代友厚の腹心であった阿蘭陀大通詞の岩瀬徳兵衛（公圃）が現場で指揮監督をおこなったという。ただし慶応三年（一八六七）までは、まだ幕府も存在し、長崎奉行も睨みを利かせていたので、

昭和９年の小菅修船場・ソロバンドック（三菱造船所史料館所蔵）

長崎地役人の岩瀬徳兵衛がおおっぴらに動いていたとは考えられない。幕府が瓦解し、明治新政府が発足した慶応四年（明治元年）に工事は大いに進捗したのではないだろうか。

修船場が完成すると経営権が問題となり、利益の配分はグラバーが七十五パーセント、薩摩藩（五代友厚）が二十五パーセントとなったという（『長崎製鉄所』楠本寿一著）。明治政府は、完成当初から本木らの献策により修船場の買取を決め、明治二年三月に十二万ドルを支払い、責任者（修船場所長）に二十四歳の富二を任命した。

修船場が完成した明治元年十二月から

ドック取建掛の辞令（平野ホール所蔵）

翌二年三月までの稼働の実状はよくわからないが、平野富二が責任者になってから十六カ月のあいだに、小菅修船場は一万八千円の利益を上げることができた。

富二は活況を呈する小菅修船場を経営するいっぽう、「この修船場は、将来の造船業の発展を考えるとき、規模が小さすぎるのではないか」と考えていた。そして明治二年九月に本木昌造らが退職した人事異動により、富二は長崎製鉄所の元締役助に任命された。わずか一年足らずで製鉄所のナンバースリーにまで昇ったのである。

このときと思われるが、富二は、製鉄所に隣接する立神にドライドックの建設を長崎県に建議している。県知事野村宗七はこれを政府に上申し許可がおり、明治二年十一月に頭取青木休七郎、元締役助平野富次郎（富二）、二等機関方戸瀬昇平の三名が「ドック取建掛」に任命され、本格的に大ドックの建設が着手された。頭取の青木休七郎は名目だけで、実質的な指揮監督は富二がおこなっている。

立神ドライドックは明治四年（一八七一）に工事がいったん打ち切られ、明治十二年（一八七九）にフランス人技師ワンサン・フローランによって竣工した。竣工時のドックは、全長約百四十メートル、上部巾約二十七・四メートル、深さ約八・四メートルの大ドックであった。

富二は、製鉄所の元締役助として、小菅修船場の所長として、立神ドック工事の責任者としての三つの任務を持ち、非常な忙しさであった。

立神ドックの開鑿に当たっては、公務が非常に繁忙を極めたばかりでなく、絶えず三千から四千の人夫を使役したが、その人夫の中に浮浪者ややくざのような者が多く、そのため、喧嘩ばかりでなく、酔っぱらって暴れたり、盗みをはたらく者が居たり、暇をみては眠ってばかりいる者など、それらを取り締まるには、

開鑿中の立神ドック（英字新聞「ザ・ファー・イースト」1870 年 10 月 1 日）

言うに言われぬ困難があった。当時、富次郎は持病のため、極度の肉体的疲労を覚えることもあったにも関わらず、雨の日も風の日も苦労し、昼も夜も奔走して、工事人夫を指揮し、業務を監督してようやくドック開鑿が近づいた
（『考察と補遺』）

しかし富二の鬼気迫る奮闘は、明治四年（一八七一）三月十六日、とつぜん終わりを告げた。

これまで民部省管轄であった製鉄所掛は、工部省に移管されることになり、工部権大丞の山尾庸三が長崎に査察にはいった。そこで製鉄所の不正経理が発覚し、頭取の青木休七郎以下、主だった職員が退職させられたのである。

結果的に長崎製鉄所の実質上のトップとなった富二は、製鉄所の旧帳簿に対してじゅうぶんな説明ができず、進退伺を出していたが三月十六日に責任をとって辞任した。平野富二にとって、立神ドック建設半ばでの退職は非常に残念であったと思われる。しかし、長崎において富二が再び造船業に携わることはなかった。無念の富二、まだ二十五歳の若さであった。

皮肉なことに、長崎製鉄所は民部省の所轄から工部省に変わった四月から「長崎造船所」と改称された。

昌造の懇願

いっぽう二年前に長崎製鉄所を辞した本木昌造は、長崎製鉄所付属活版印刷伝習所の伝習が明治三年（一八七〇）三月に終了するのを待って、今度は自己資金による「新町活版印刷所」と「新街私塾」を開設した。新町活版印刷所は長州藩蔵屋敷跡と小倉藩蔵屋敷跡の二カ所に設立され、長州藩のほうには私塾も併設された。

本木昌造には、人を魅了する不思議な力があったようである。

新町活版所跡（長崎市興善町）

富二は、蒸気船に乗り込んでいても製鉄所で働いていても、上司であり人生の師でもある二十一歳も年上の昌造のためにつねに全力で尽くしている。これは富二ばかりでなく、昌造の周りの人々は、彼の不思議な魅力に取りつかれていたようである。

昌造が新町活版印刷所を設立するにあたって、長州藩と小倉藩の蔵屋敷跡を入手する莫大な資金が必要となった。さらに印刷所の運営資金も加わって、金はいくらあっても足りなかった。まして私塾を無料で経営する余裕などない。

事業を支援したのは、昌造の活動に

活版伝習所跡（長崎市興善町）

共感した人たちである。のちに十八銀行を創立した松田源五郎が千両、阿蘭陀大通詞で長崎製鉄所でも同僚となり、娘ミネを昌造の長男小太郎に嫁がせた品川藤十郎が千両、諫早の豪商で昌造の歌友であった和田半が千両、島田茂四郎が五百両、和田条造が五百両の資金を出している。

　昌造の熱意のもとに、明治三年三月に「大阪活版所」、十二月には「京都點林堂印刷所」「横浜活版所」、明治四年（一八七二）六月には東京に「文部省活版所」を設立し、昌造みずからが活版印刷伝習で育てた弟子たちとともに活発に活動した。しかしまだ印刷へ

明治４年（1871）26歳の平野富次郎の肖像写真（平野ホール所蔵）

の需要が少なく、印刷も私塾もしだいに行き詰まり、見る間に資金を使い果たした。破産寸前に陥ったのである。

昌造の健康問題もあった。明治二年（一八六九）九月に病を理由に製鉄所を退職したのは単なる口実ではなく、このころから体調もよくなかったらしい。厳しい状況のなかで、気力も失われてしまっていたようである。

そのようななかで、富二が長崎製鉄所を退職した。富二にとって無念の退社を、「折がいい」と喜んだのは昌造であった。不振にあえぐ新町活版所を誰かに託して再建して欲しいと願っているときに、もっとも信頼する富二が自由の身になったのである。

富二が、挨拶と将来の身の振り方についての相談を兼ねて、本木昌造宅を訪れたのは明治四年六月か七月のころであった。昌造は大学活版御用掛に命じられ、大学東校内に活版所設立の打ち合わせを終えて帰ってきたところであったと思われる。面会日時は特定できないが、そのときの会話については記録に残されている。昌造と富二のやりとりをまとめると以下のようになる。

「私が、多年にわたって活字鋳造の事業を完成させるべく苦心していることは、君もよく知っていることだろう。長崎製鉄所を退職してから、自分の資産はもちろん精神的にも体力的にもすべてを事業に注入し、苦労に苦労を重ね、休むことなく自分を励ましながら、これ以上はやり残すことがないところまでやってきた。しかし、まだ軌道に乗せるまでには至っていない。……（中略）……ところが、私は近頃、精神的に疲労を感じることが多くなり、また身体的にも健康を害してしまった。この度、君が長崎製鉄所を退職し、これからの方向を定めようとしているときであるから、ここで心を決めて私の活版所に入社し、私を助けてこの事業を大きくする意志はないだろうか」

事業への関与を促す昌造に対し、富二は以下のような返答をした。

「ご厚意のほどは感謝する言葉もないほどありがたく思います。しかし私は、政治や学問、芸術関係には慣れ親しんだことがありません。活版は学問・文芸に関係し、小さな文字を造り組立てるような細密を要する事業ですから、先生が高く望まれていることを満足させることは、私には恐らくできないでしょう。また私は、鉄工業や造船に一生を委ねようと決心しています。国や県の官吏としての職務にこだわることはまったくありません」

しかし昌造は諦めず、再三再四にわたって懇請し、ついに富二は承諾するのである。

「私の性質からして、この事業に最後まで身を任せて従事することは本意ではありません。しかし、勧誘のご厚意はありがたく感謝します。先生のいまのご労苦を傍観することはできません。私はまだ年が若く前途はまだまだ遠いので、ここ数年間、素志から横道に逸れて、この事業に従事しようと思います。成功するかどうかは、いまのところわかりませんが、先生がお見定めになったとおりに利益が出るようになったならば、この事業を先生にお戻しして素志の事業を起こそうと思います。先生の念願の望みを成就させて、適当な後継者を養成し事業を継続させることによって、ご恩遇に報いたいと思っているだけです。その営業や執務についての遣り方のようなことは、どうか私のおこなうままに一任して、数年間待ってください」

ここから、平野富二自身の猛烈人生がはじまったのである。

富二の結婚

本木昌造から新町活版所を預かった富二は機構改革に着手し、九月から十一月にかけて東京や大阪に赴くと、営業を兼ねて視察をおこなった。

初めての上京では、太政官の左院印刷局に数万点の活字の売り込みに成功し、さらに横浜毎日新聞社、倉田活版所、日就社にも活字を売り込んで二千円余りの収入を得た。東京における最初の成功は、昌造に学んだ陽其二（唐通事・横浜毎日新聞社創設者のひとり）や昌造の末弟柴田昌吉（英和辞彙の作成者）らの助力も大きかったと思われる。

富二はこれ以降も超絶的な奮闘努力をおこない、数多くの事業を成功させている。しかし、これらの成功は彼ひとりの力ではない。周りには、優れた能力を持ち活躍していた数多くの長崎出身者の応援があったのである。富二の人生には、多くの長崎人が関わっていることを忘れてはならない。

この年の終りごろから翌年にかけてかと思われるが、富二の身の上にもうひとつ大きな変化があった。

結婚である。富二がとうとう身を固めたのは、明治五年（一八七二）一月のことであった。女性と知り合う機会もないほど猛烈に忙しい日々を送っていたはずの富二であるので、昌造が富二の上京中にお膳立てをしたのであろう。見合いの相手は、安田駒《こま》。嘉永五年（一八五二）十一月二十二日生まれというから、富二より六歳年下で数えの二十一歳になったばかりの女性であった。

富二は矢次家の次男であったから、厄介として兄の役宅、引地町（現在の長崎市興善町・

町司屋敷跡（長崎市桜町）

桜町）の町司屋敷（現在は勤労福祉会館になっている）に同居していた。これまでは蒸気船に乗務したり、製鉄所で詰め切りだったりの激務であったから、自分の生家ではあるものの、ほんの間借り程度であったのだろう。吉村家に養子にはいったときも、長州藩蔵屋敷（現在の興善町長崎県自治会館）内にあった吉村家で生活したとはどのような記録にも記されていないし、養子であった期間もきわめて短く、入婿したとは考えられない。独身時代は、どこにも生活の根拠を置いていなかったように見える。長崎にいるときには、もっぱら、引地町の矢次家の世話になっていたのだろう。

嫁を迎えて一家を構えた富二は、明治五年二月に外浦町（現在の長崎市江戸町・万才町）に新居を設けている。当時の戸籍には「平民　平野富二　外浦町九十六番地」となっておりこのときより平野富二は幼名「富次郎」に替えて「富二」となったのである。

なお、新居は、外浦町百五番地の本木昌造宅のすぐ近くであった。

第四章

日本に根付く活版印刷

いざ東京へ

外浦《ほかうら》町での新婚生活は、わずか六カ月で終わった。かねてより富二は「新興の活版印刷業を発展させるには、長崎は需要地から遠く、何かにつけ不便である」と考えていた。しかし、昌造が苦心して設立した「新町活版印刷所」を挙げて東京に移転させるのは、昌造をはじめ大きな抵抗が予想された。

意を決して相談したところ、昌造から意外な言葉が返ってきた。

「すでに新町活版所のことはすべてお前に任せてある。製造工場の興廃伸縮は、お前の考えどおりにおこなってよい。東京であろうが大阪であろうが、利益多き土地を求めて進出することこそ得策である。ただひとつ私の願いは、お前が頑張って損益得失の責任をまっとうしてくれることだけである。そして他日、期待どおりに利益を回収することができた暁には、いままでの資本償却分として金五千円を出資者に返還して欲しい。それが実現できれば、私も面目を失わなくてすむことになる。それ以外のことは、すべてお前と従業員一同との相談によって処置してくれ」

富二と駒の夫妻は、社員の松野直之助ら総勢十人で、明治五年（一八七二）七月十一日に外国飛脚船で長崎を出帆し、十七日に横浜に到着した。

東京の落ち着き先は、神田佐久間町の藤堂藩上屋敷跡の脇の門長屋であった。昌造が東京で入手していた文部省活版印刷所の跡で、昌造の門人小幡正蔵が運営していた。ここに富二たち一行は落ち着き、さっそく「長崎新塾出張活版印刷所」の看板を掲げ活動を開始した。

富二が東京移転に用意した資金は千円である。当時としては大金で、この千円をなかなか工面することができず、長崎地役人の生活救済を目的とする金融機関の六海社から、首にかけても返済するという証文（首証文）を出してようやく借りることができた。これが東京での開業資金となったが、長崎からの路銀や製品の輸送賃・新店舗の造作・開業費用・活字の原料費などの購入費など、開業時から大変な出費がつづいた。

一行が長崎を出立するとき、昌造は、駒夫人を自宅に呼ぶと自分が着ていた着物を裂いて財布を作り、どうやって入手したのか、二十円を入れて餞別として渡している。夫人はいったん固く断ったものの、強くいわれるままに受け取ると、けっして小遣いなどには使うまいと大切にしていたそうである。しかし結局は、活字製造の資金の一部に出さざるをえなくなってしまったという。

開業当初の苦難を救ったのは、長崎時代に知り合った埼玉県令の野村盛秀（宗七）であった。

元薩摩藩士の野村は、明治維新のときに長崎裁判所判事となり、さらに長崎県知事となった。そして明治三年（一八七〇）には日田県知事、明治四年（一八七一）十一月の廃藩置県により日田県知事から埼玉県令へと転じた。富二が野村と相知ったのは、明治元年（一八六八）の「朝陽」の故障のときであった。

富二は旧知の野村盛秀が埼玉県令であることを知り、すぐに岩槻にあった埼玉県庁に赴くと、活版印刷の効用を事細かに説明した。野村は富二の話を聞き、金額で二百円ほどの活字を買い上げてくれた。わずかな金額ではあったが、苦境にあった富二は大いに助けられたものであった。富二の日記には「八月二十九日　埼玉県より四号文字、三百五十字注文あり候事」と記されている。これが地方官庁で布告を活版刷りにした最初であったと思われる。

野村は、翌明治六年（一八七三）五月二十一日に病で亡くなっている。行年四十三歳であった。

長崎新塾出張活版印刷所が開業した明治五年（一八七二）には、埼玉県の注文のほか、前からの繋がりで左院（太政官）、日就社、蔵田印刷所などからも注文を受けて、ようやくその年を終えることができた。

明治五年は印刷の需要が盛り上がった年で、太陰暦から太陽暦への切り替えがおこなわれたり、徴兵告諭の布告が出されたりして、大量の印刷物が必要となった。とくに新暦の発行は大量の需要を呼び起こし、富二の活版所は連日徹夜で印刷・活字の製造に追われることになった。ちなみに、活字の製造はつぎのような勢いで伸びている。

明治五年	二十四万四千二百三十六個

※七月から十二月二日まで。十二月三日が太陽暦の明治六年一月一日となった

明治六年	二百七十七万二千八百五十一個
明治七年	二百六十五万六千六百七十五個
明治八年	四百五十五万四千三百三十四個

築地への移転

活版印刷業の成功は、時代も幸いしていた。
神田佐久間町の長崎新塾活版印刷所には、印刷の注文や各地の印刷所から寄せられ

る活字の注文が殺到した。日に日に注文は増えつづけ、大名屋敷の門長屋の工場は手狭になってしまった。富二は思い切って新しい工場の建設を決め、明治六年（一八七三）七月に築地二丁目に土地を購入し、仮設の工場を建てた。さらに、仮設工場の横に東京府指定建設方法に基づいて、煉瓦家屋の工場を十二月に完成させた。前年に東京銀座で大火が起こり、当時は銀座を中心とする地域の再開発が問題となっていた。そのため、近くにある築地も当然影響を受け、富二の工場も煉瓦造りにしなければならなかったのである。

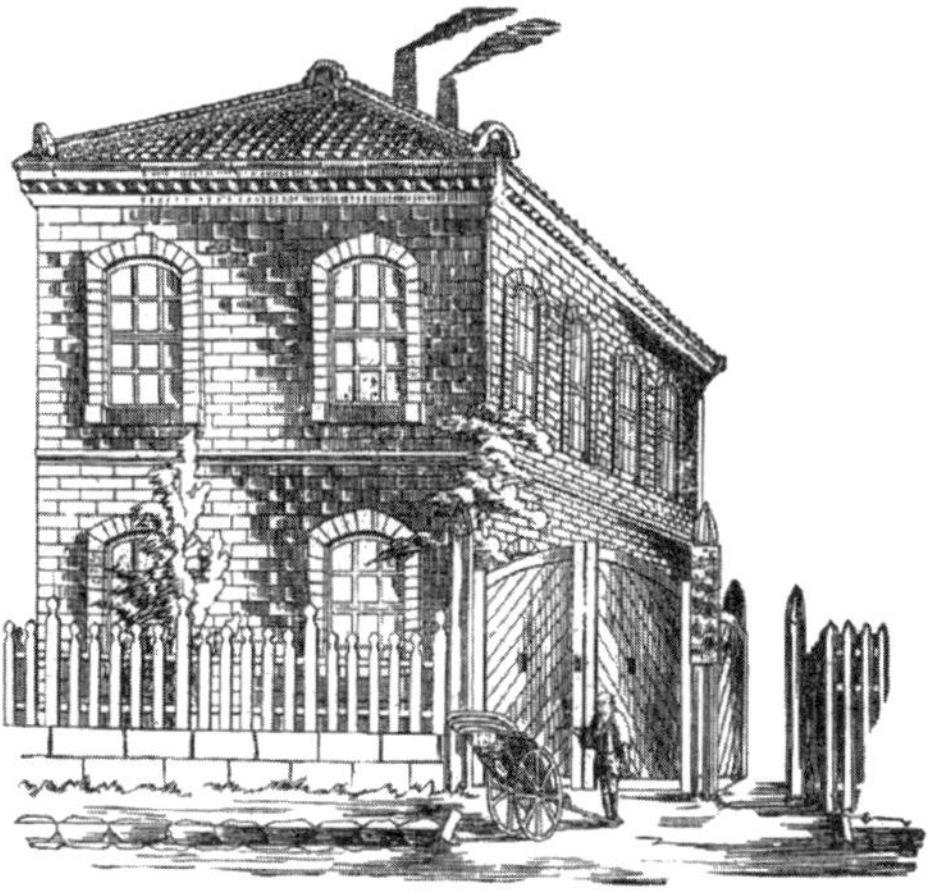

築地の煉瓦家屋
（長崎新塾出張活版製造所『活字見本帳』より）

活版印刷の事業が軌道に乗ってきたものの、工場の移転には多額の費用を要した。百二十坪の土地と仮工場のために、三千円が必要であったという。

本木昌造の負っていた借金も含めて多額の負債があり、まだまだ、気を緩めるまでには至らなかった。富二は早朝四時に起きて、昼間は工場で職工とともに働き、夜も十時か十二時ころまで働いた。いわゆるブラック企業も、ここまではあるまいという働きぶりであった。

富二は、職工たちに「いまの努力が将来をなすものである。いまが大切なときだ」と口癖のようにいい聞かせ、先頭に立って働きどおした。妻女の駒も大勢の食事の賄いをし、合い間には活字の駒摺（鑢でできあがった活字の仕上げをすること）をして手伝った。

築地に移ったとき、長女の古登《こと》（琴）は三歳になっていた。富二たちが東京に移ってから間もなく、明治五年の末ごろ生まれたようだが、工場を移したころの築地は人家が少なく、非常に蚊が多く、衛生的にも問題があった。母親の駒も気にはかけていたが、とうとう病気にかかってしまった。しかしあまりの忙しさにじゅうぶんな手当てもできず、明治八年（一八七五）七月七日、幼い古登はとうとう息をひきとった。享年三歳。

富二夫妻にとって、何よりも悲しく心痛むできごとであった。

活版印刷事業の成功

富二たちの奮闘努力によって、明治六年（一八七三）には東京でも大阪でも活版印刷事業の見とおしが開けてきた。これらの報告を受けた昌造は非常に喜んで、「私の将来を見とおす眼に狂いはなかったようだ。活版事業もこれから大いに発展するようになるだろう。私の長年抱いていた志望が達せられる日も遠くない」と、実情視察を思い立った。

明治七年（一八七四）の初夏に長崎を発ち、大阪に立ち寄ったのち東京に来た。ちょうど工場は築地に移り、煉瓦造りの建物を建てる工事の最中であった。昌造は社員を慰労して「東京での事業は予想していた以上に進展している。今後もますます進歩発展させて欲しい。いままで以上に努力精励して、わずかな成功に満足することなく、また時勢に遅れることのないようにして欲しい」との言葉を掛けた。

昌造は喜びに満ちて、九月には京都・大阪にかねてから設立していた活版印刷所を視察して長崎に帰ってきた。

昌造は、明治三年（一八七〇）三月に社員の小幡正蔵と酒井三造、谷口黙次らを大阪に派遣し、大阪活版印刷所を開設している。十二月には、門人の古川種次郎（のちに山鹿善兵衛）が京都に點林堂活版所を、陽其二が横浜に横浜活版所を開設した。其二は、明治三年十二月八日には日本最初の日刊新聞を発行する横浜毎日新聞社の創立に関わっている。

ついでにいうと、小幡はその後、東京の昌造が受けていた文部省活版所を任され、のちの小幡活版所となっている。そのほか数人の異動があったが、時勢の運もあってか、活版印刷業は富二の成功に引っ張られるように盛況となってきた。

昌造と永遠の別れ

喜びに溢れた昌造は、学制頒布に伴なう新街私塾の認可についての陳情に寄せて、再度東京大阪へ視察に赴くことにした。明治八年春（一八七五）のことである。

東京で富二と会ったところ、昌造が負っていた莫大な負債はほぼ償還してしまったという。また、富二が東京に活版所を開設したときの負債もなくなり、活版事業の所期の目標を達したので、これからは昌造の養老金として毎月二百円を送ることにしたと聞かされた。

非常に喜んだ昌造であったが、長崎に戻った直後から体調を崩してしまった。心配した家族や門人たちは、環境がよくて静かな京都で静養することを勧め、門人の山鹿善兵衛の手配で、嵯峨野にある向井去来の故地である落柿舎で療養に努めた。

富二も「本木先生倒れる」の知らせを受け、取るものもとりあえず京都の病床にかけつけ、看護に協力した。病はいったん快方に向かい、気分のよいときには點林堂印刷所を訪れたり、ときには足を延ばして大阪活版印刷所まで出向いたりしたこともあった。安心した富二は、大阪活版所所長の谷口黙次に付き添われて長崎に帰る昌造を見送って、東京に戻った。

暑い最中に「長崎に帰りたい」という我儘を受け入れたのがよくなかったのか、昌造はしだいに衰弱し、ついに危篤の状態になった。

富二が再び昌造のもとに駆けつけたのは、八月のなかばであった。

死期を悟った昌造は、周りを囲んだ門人たちに「東京店は、すべて平野に一任してある以上、あえてほかの人間が口出しする必要はない。すべてを平野の処置に任せるべきである」との言葉を残し、やがて安らかな死を迎えた。九月三日のことであった。享年五十二歳。若すぎる死ではあったが、最良の後継者を得て、幸せな最期でもあったただろう。

本木昌造墓碑（長崎市大光寺）

富二は葬送万端を取り仕切り、本木家の菩提寺である長崎の大光寺に葬った。十月六日には、長崎の松ノ森神社の千秋亭（のちの富貴楼）でおこなわれた神式の祭典に列席し、昌造の遺児の本木小太郎を伴って東京へ帰っていった。

現在、本木家墓地にある昌造の墓碑は、長崎市指定史跡となっている。

生涯の盟友・曲田成

平野富二は、なんの後ろ盾もない徒手空拳の身で、活版印刷事業や造船業、機械製作などの近代産業を成功させた。印刷業は会社が変わったものの、その他の富二の事業が大きく発展しながら今日まで継続されているのは、ともに邁進する同志や後継者に恵まれたためである。

なかでも曲田成《まがたしげり》は、富二と一心同体ともいえる働きをしていた。富二の行年四十七という若過ぎる死に際しても、後顧の憂いを断つべく、曲田を東京築地活版製造所の二代目社長に据えている。

曲田は弘化三年（一八四六）十月に淡路島で生まれた。富二とはひと月あまりの遅

長崎公園の本木昌造の銅像
（戦時中に金属供出された坐像に変わり昭和 29 年再建）

れはあるものの同年で、徳島藩士であった。淡路島が兵庫県に編入される原因といわれる明治三年（一八七〇）の稲田屋敷襲撃事件（稲田騒動）に関わった曲田は、藩を出奔して東京に出た。

明治五年（一八七二）七月には、富二は本木昌造の嘱を得て東京神田佐久間町（現在の和泉町）の藤堂藩邸内門長屋の一隅に長崎新塾出張活版製造所を開設した。活版印刷発展の決意を固める富二と武家出身で練兵術に長けた出奔藩士の曲田、ふたりの出会いはちょうどそのころのようである。曲田は活版印刷についてまるで知らなかったが、富二の熱意と働きぶりに感動し、ともに行動することを誓った。

曲田は活版配達夫から鋳造係となり、一年後の明治六年（一八七三）八月には富二とともに工場を築地に移転させるなど、事業に深く関わっていた。富二から己の分身のごとく信頼されていた曲田はつぎつぎと重要な仕事を任され、明治十一年（一八七九）には上海にも出張している。一年にわたり活字書体の改良を研究を進めた曲田が明治十三年（一八八〇）に帰国するやいなや、富二とともに函館に赴いて造船所設置の仕事にあたった。

当時、東京築地活版製造所のほか石川島平野造船所や東京湾内の運送業などいずれ

築地活版製造所の全景（『東京盛閣図録』より）

の業務も隆盛で、しばしの時間もとれないほどの忙しい富二にとって、曲田の存在は心強いものだったろう。

築地活版製造所の経営

富二は、活版製造業をゆくゆくは本木昌造の遺児の本木小太郎に譲るべく、築地活版製造所所長としていた。しかし、二十二歳の小太郎は非常に心許ない様子である。そこで明治十二年（一八七九）春、活版製造や造船などの工業を視察し学ばせるために、小太郎を洋行させることにした。

その期間も以前のように経営をつづけた富二を、曲田成は支配人補助、明治十七年（一八八四）には支配人として助けた。明治十九年（一八八六）には富二が脳溢血を発症し、一時療養に専念するという事態もあったが、部下たちの努力もあって事業はますます発展していった。横浜製鉄所の払い下げを受けたり平野土木組を設立したり、軍艦「鳥海」の建造もこの時期のことである。

いっぽう本木小太郎は、明治二十二年（一八八九）に長い遊学から帰朝し、株式会社東京築地活版製造所の社長心得に就任した。小太郎の帰国を心待ちにしていた富二は、活版製造業を恩師・本木昌造のもとへ返したいという念願を果たしたのであった。

ところが十年ほどの海外遊学も、小太郎を成長させるものではなかった。日本から送られた貴重な学資は、もっぱら遊蕩に費やされていたようである。六月に小太郎の経営下にはいった東京築地活版製造所は、おりからの経済不況もあって、たちまち経営困難に陥ってしまった。

その年も押し詰まった十二月三十日、株主の平野富二・谷口默二・松田源五郎・品川藤十郎が集まって本木小太郎の社長心得を解任し、曲田成を二代目社長に選任した。東京築地活版製造所の命運は、こうして曲田に任されることとなったのである。ちなみに、谷口默二は本木昌造の第一の弟子で大阪活版所所長、松田源五郎は初代長崎十八銀行頭取、品川藤十郎は元阿蘭陀大通詞で昌造の同僚かつ親友、その娘は小太郎に嫁している。

曲田は、就任直後の十二月三十一日に社員と職工の全員を解職し、明けて一月二日に自らが信任する者を雇用し直すという大手術をおこなった。曲田の手腕で危機を乗り越えた東京築地活版製造所は、昭和十三年（一九三八）まで継続された。

稲田騒動

東京築地活版製造所や石川島平野造船所など、平野富二の周囲には長崎出身者が多かったが、活版製造所最大の危機においては、四国徳島の淡路島で生まれた曲田成にすべてを託した。富二は曲田の意欲能力を誰よりも高く評価し、その人柄を深く信頼していた。

曲田については資料が非常に少ないため確かなことはいえないが、彼が士族を辞めるこのとにこだわったのは、明治三年（一八七〇）に淡路島で起こった稲田騒動がきっかけであったと思われる。

淡路島洲本に屋敷を構える稲田氏は、徳島藩二十五万石の一番家老である。知行高は小さな大名並みの一万四千五百石もあり、それなりの家臣団も抱えていた。しかし、その千人近くの家臣も徳島藩のなかでは家老の家来に過ぎず、家来の家来「又もの」と呼ばれて、士族ならぬ卒族という低い身分として扱われていた。

明治維新において士族と平民に分けられると、稲田家の家臣たちは知行の石高が多くても士族として扱われず、恩典もない。不満に思った稲田家の家臣たちは、淡路島で分藩運動を始めた。稲田家が独立した藩となれば、自分たちは士族になるというのである。

これに対し徳島本藩の藩士たちは藩主である蜂須賀公への侮辱だと怒りを募らせ、とうとうその数百人が洲本を襲撃した。廃藩置県がおこなわれる一年前の明治三年（一八七〇）五月十三日、政府からの喚問のために藩主と洲本の稲田氏が不在にしていたときであった。

稲田氏側は抵抗しなかったというが、十四戸が焼失し、女性八名を含む三十七名の死傷者を出すという惨事となった。徳島本藩も明治政府から咎めを受け、藩主は謹慎、十名が切腹、二十七名が伊豆大島や八丈島に流罪という処分がくだされた。

稲田騒動当時、曲田成は二十四歳、銃卒一番隊の小隊司令官を務めていた。稲田家のある淡路島出身ながら、代々徳島藩士であった。騒動ののち罪を問われて小隊司令官の任を解かれたが、翌年には復職を命じられている。

しかし士族・卒族を巡る悲惨な争いを体験した曲田には思うところがあったのか、周囲の強い諫めも振切って、その職を辞して単身上京したのだった。

蛇足ではあるが、曲田も関わった稲田騒動が主な理由で、明治九年（一八七六）八月二十一日淡路島は兵庫県に編入され現在に至っている。

曲田の家禄奉還

平野富二と曲田成の強い結びつきは、曲田の嘆願書にも現れている。曲田には念願があった。家禄（知行）を返還することである。

家禄の返還は、江戸時代においては浪人となることで、藩がなくなった明治においては士族から平民になることを意味している。それぞれの藩から知行を得ていた武士たちは、明治期の版籍奉還や廃藩置県により所属していた藩がなくなった結果、収入先を失うこととなった。それでは暮らしが成り立たないため、明治政府はこれまでの知行高に応じた家禄を与えた。

曲田は、この家禄を断るというのである。
明治九年（一八七六）曲田は、出身地である名東県（現在の徳島県）県令（県知事）宛に、雇用主の平野富二の奥書を得て家禄返還を申し出る願書「乞家禄奉還書」を提出した。『株式会社東京築地活版印刷製造所所長曲田成君略伝』に記載されている文書を、国会図書館の膨大なデータの中から発見した「平野の会」の読み解きに従って、かいつまんで紹介しておく。わかりやすくするために、手を加えていることも了承いただきたい。

乞家禄奉還書
名東県令閣下
士族　曲田成　謹言す
維新以来文明は日に進み、開化は月にあらたに、都市も鄙びた地方でも様相をかえて、旧習を除き、善政がおこなわれ、農民も商人も職に満ち足りて、生業を楽しんでいます。
このようなときに際して、士族は少しも役に立つこともなくして家禄を賜り、空しく日々の食事にありつくことに甘んじております。あるいは士族の籍を奉還して賜金を求め、子孫への遺産となしています。これはじつにみずからを省みざること、甚だしいものです。

不肖　曲田成が考えますに、彼も人なり、我も人なり。我ひとり日々の食事にありつくことをしてよいのでしょうか。そこでみずから活路を求め、子孫のために策を設け、早急に美郷を奔走する以外ないと鋭意奮起して、ついに世間の強い誡めを顧みず、一八七三年（明治六）二月出京いたしました。東京で活版製造所社長平野富二なる者に出会い、活版の用法を熟聞しておおいに感得するものがありました。

説に「人がこの世にあるときは、己の能力に応じて食していくべきである。しかして、ひとりのために謀るは、衆のためにするのに及ばない。一己のために謀るは、広く天下の利益を謀ると同等ではない」とありますが、私はそれを深く肝に銘じました。

「天下のことに労する者は必ず報酬を得て、労なくして報酬を得る者は、いわゆるただ食いである」という思いをもって、だんぜん平野氏と将来の盛衰をともにせんと約託し、該社（活版印刷製造所）に入社してこの業に従事し、社員とともに夜も昼もなく勉め励んで働き、忍耐倦まず努力しました。こうして、まさに時運に応ずる該社の事業は倍増し、今日の盛大に至っています。

そのようにして既往の事跡を追想してみますと、社長の常にあらざる勉強と、社員の粘り強い労働がありました。そしてここに前掲のようにますます該社は盛大となり、社則も精設して、拙工（未熟な職工）といえども給与金三分の一をもって永途就産の資本に予備する方法（失業保険制度）を設け、これにおいても活路（生活の道）は確実なものとなっています。これは勉励によるといえども、そもそも天皇陛下の優れた知徳と恩沢がもたらしたところであると考えます。

よって今回家禄を奉還して平民の戸籍にはいり、その身のほどを守り、活路にいささかも安んじることなくますます素志を拡伸し、確実な資産を子孫に遺すことを希望するのです。（中略）

目下、県務多端とは存じますが、細かくてつまらぬ志願を顧みず、あえて尊厳を干犯いたします。まことに恐れ多いことですが、伏してご回答をお待ちします。

名東県下淡路国津名郡物部村士族東京築地二丁目四十八番地寄留

明治九年六月二十六日　　　　　　　　　　曲田成　印

頓首再拝

前書願い書のとおり、曲田成儀とは四ヵ年前より居食をともにし、兼ねて同人儀も素喰を悔いて日夜勉励し、志を同じくし、すでに活路の見込みも定まりました。私におきましても、しかと保証いたしますので、本人の願いどおりご採用くだされたく、奥書させていただきました。

東京築地二丁目に十番地　　　　　　　　　平野富二　印

膠漆の交わり

同年齢ではあるものの生まれも育ちもまったく異なっていた平野富二と曲田成は、明治の新時代を迎え、無為徒食を嫌悪していた点において一致していた。前述の「乞家禄奉還書」は、稲田騒動の体験を経て「平民として世の中のために平野富二とともに働く」という決意表明でもあったのである。「膠漆の交わり」といってよい。

富二が死に瀕したとき、四十七歳という早過ぎる人生の幕切れにさまざまな無念があったろうが、東京築地活版製造所の将来については不安はなかったはずだ。曲田成という、もうひとりの自分の存在があったからである。その曲田も、富二より二年長生きしたものの、四十九歳で姫路の旅宿で急死した。播但鉄道株式会社の業務のための出張中のことであった。曲田は、富二と同じ生きざまを貫いたのである。

三代目社長は、長崎出身で出世頭といわれた名村泰蔵が務めることとなった。名村は、阿蘭陀通詞から大審院長心得となり、貴族院議員にもなっている。『伝記　曲田成』の跋文（あとがき）を書いたのも彼である。

跋

ああ　胸がつまってため息が出るが、本書は故曲田成君の略伝なり。君の没後に私（名村泰三）は推薦されて東京築地活版製造所社長の重任を受けた。君の計画していたところを挙行し、君の企図していたところを実施し、地下にいる君をして遺憾の意を抱くことのないように希望するにほかならない。

ここに社員に委嘱して君の略伝を作成し、福地先生（源一郎・桜痴）に閲読、校正をお願いした。こうして原稿が完成し、これを印刷し、社友および曲田成を知る諸君に謹呈する。これは社員一同のこころざしなり。

明治二十八年十月　東京築地活版製造所社長　名村泰蔵しるす

第五章

重工業創設を夢見て

本木昌造と造船業

文久元年（一八五四）に完成した長崎製鉄所にて、十六歳の平野富二は師と仰ぐ本木昌造に出会い、その後の己の人生を支配した造船業に初めて関わることとなった。その後、昌造の求めに応じる形で活版印刷業に乗り出したが、富二の胸中での造船業への思いが消えることはなかったらしい。

東京築地活版製造所がいよいよ盛んになっていた明治八年（一八七五）は、富二にとって激動の年であった。猫の手も借りたいほどの忙しさのなか、可愛がっていた長女の古登《こと》（琴）の病気の手当が行き届かぬまま、七月七日に死なせてしまう。さらに、その二カ月ほど経った九月三日には、活版印刷業の成功を誰よりも喜んでいた昌造が長崎で亡くなった。そして、悲しみのさなかの九月三十日、次女の津類《つる》が生まれている。

長女を亡くした悲しみや次女誕生の喜びに浸る暇もなく、富二は、昌造亡きあとの諸事に奔走していた。仏式や神式による葬儀を手配し、昌造が実業家の五代友厚に抱えていた莫大な負債の返済についての見とおしをつけて、ようやく東京に帰ったのは十月下旬であった。そこで初めて、長女古登と昌造の生まれ変わりのような次娘の津類と対面することができたという。

昌造の死は、富二にとって大きな転機となったと思われる。昌造から託された東京築地活版製造所の経営が安定してくると、日本の重工業発展の夢を果たすべく、富二は立ち上がったのであった。

富二の造船業への強いこだわりも、やはり本木昌造の存在抜きには語ることはできないだろう。この章においては、長崎海軍伝習所時代から長崎製鉄所完成前後までの人々の動きを昌造を中心に振り返りつつ、富二と造船業との関わりを追っていくことにする。

近代日本への転換期

開国後の日本人が欧米諸国の強大な軍事力を目の当たりにし、その背後には近代化された産業技術があることを知ったのは、黒船来航の嘉永六年（一八五三）のことである。

当時富二は読み書き、習字などの基礎教育を受けはじめた八歳であった。そこから富二が十六歳になる八年ほどの期間は、長崎が、いや日本が大きく変わろうとする時期と重なっている。

嘉永六年は、長崎にとってもたいへんな年であった。七月十八日にはロシア使節プチャーチン率いる四隻のロシア艦隊が入港してきた。そのうちの一隻は蒸気船である。日本人は、東西に時を同じくして、初めて蒸気船なるものを目にしたのである。
長崎港には福岡藩・佐賀藩を始め、平戸・大村・唐津・島原など諸藩の二万近くの兵士が陣取り、ものものしい雰囲気に包まれていた。日露の交渉は翌年までつづき、ようやくロシア艦隊が退去したかと思うと、今度はイギリス艦隊が来航している。

翌安政二年（一八五五）にはいよいよ海軍伝習が始まり、勝麟太郎（海舟）などの幕臣や福岡・佐賀・薩摩などの藩士百数十名が伝習生として長崎に派遣された。長崎地役人からも、十名ほどが伝習生（第一期伝習）になっている。『長崎海軍伝習所』（藤井哲博著・中央公論社刊・一九九一年）によると、勝海舟の『海軍歴史』には長崎地役人の伝習生についての記述が残されていないが、実際には多くの地役人が参加し、ひじょうに活躍したという。

長崎地役人の活躍と勝海舟

海軍伝習における長崎地役人の活躍について、これまであまり触れられることがなかった。伝習に比較的関わりの少なかった本木昌造が、富二やその後の若い地役人たちから師と仰がれていたように見えるが、じつは長崎の海軍伝習を成功に導いた地役人たちが多数存在していた。

軍艦「観光丸」は、安政四年（一八五七）に長崎での海軍伝習が終了した第一期生の手により運航され、江戸に向かった。海軍伝習総監の永井尚志は、第一期伝習生の三分の二にあたる百名余りを引き連れて、三月四日に長崎を出港している。途中風雨に悩まされながらも、無事二十七日に品川沖に入港することができた。このときの観光丸の江戸への航海は、日本で最初の蒸気船による遠洋航海となった。

『長崎幕末史料大成』によると、長崎地役人の竹内卯吉郎（御役所附）、本庄寛一（唐人番・第二期生）、武井茂四郎（御役所附助）、中尾若次（御役所附）の四名には「その方ども、近々観光丸御船江戸表へ御回りの節には乗組んで出府するよう申付ける。巳（安政四年）正月」との辞令が出されている。本庄は第二期生となっていることから、ほかの者と代わったのかもしれないが、竹内は蒸気機械方兼火焚取締方として、武井は船頭要員、中尾は兵卒小頭要員という役職であった。（『長崎海軍伝習所』）

観光丸の蒸気機関を運転した竹内宇吉郎について『長崎縣人物傳』（古川増寿著）には、

この年に江戸に創立された「軍艦教授所」の教授を命じられ、汽船運用・航海術を教授したと記されている。ただ、その任は足かけ二年で、翌安政五年には観光丸で長崎に戻り、文久三年（一八六三）病で亡くなっている。行年五十一歳であった。

そのほか、長崎地役人の大木藤十郎の存在も忘れてはならない。藤十郎は、高島秋帆の一番弟子で、砲術の大家の山本物次郎とともに地元長崎の近代科学の先覚者であった。海軍伝習が開始された安政二年（一八五五）に藤十郎はすでに六十九歳の高齢であったが、矍鑠《かくしゃく》としていたという。

長崎の優秀な先人たちがほとんど評価されないまま歴史に埋もれてしまった原因は、勝麟太郎（海舟）にあるといわれている。

渡米時サンフランシスコで
撮影された勝海舟

勝は長崎に一年以上も留年するなど滞在期間が比較的長く、学生長という地役人や一般伝習生に接触の多い立場にあったにもかかわらず、地役人伝習生を身分が低い町人であると無視して認めていなかったという。

海軍伝習において長崎地役人が重要な役割を

果したことを初めて世に紹介したのは『長崎海軍伝習所』の藤井哲博氏である。藤井氏は著作のなかで、このように述べている。

「長崎奉行服部常純は回天丸を購入し、長崎奉行支配組頭柴誠一を船長に任命し、乗り組み士官には多く伝習所を卒業した地役人を用いた。彼等は観光丸やヘデー号を通じて外輪船によく慣れていたのですぐ役に立った。まもなく第二次征長戦争がはじまり回天丸は幕府軍艦に移籍して長州藩と戦った。艦長は引続き柴誠一、乗組員も元のままで伝習生OBの長崎地役人が中心であった。彼らに対する伝習所の海軍教育は無駄にならなかったのである」

事実、明治二年（一八六九）の箱館沖海戦で、旧幕府側軍艦蟠竜の砲弾を火薬庫に受けて壮烈な最後を遂げた官軍側の朝陽の乗組員も、多くが長崎地役人出身であった。勝は長崎の女性を妾にして子を産ませながらも、海軍伝習に参加して活躍した優秀な地役人伝習生についてはハナから無視しており、海軍伝習の記録「日本海軍」にはまったく記述されていない。勝は交際上手で口がうまいものの、海にはまったく弱く、劣等生だといわれていた。有名な咸臨丸太平洋横断航海のときにも、艦長でありながら船酔いに苦しみ船室にこもりきりだったらしい。そしてサンフランシスコ湾入港のときになって、のこのこと船橋に上がってきたと、同僚や部下たちに冷評されたとも伝わっている。

ナンバーワン地役人、池辺竜右衛門

長崎地役人の池辺竜右衛門は、安政元年（一八五四）から慶応三年（一八六七）までの十三年間、造船ひと筋に生きてきた人物である。

「開国止むを得ず」と踏み切った安政元年、幕府は長崎地役人の池辺竜右衛門（唐人番）を阿蘭陀蒸気船掛・伝習御用掛に任じた。竜右衛門がどのようにして洋式造船や蒸気機関などについて学んだかはよくわからないが、竜右衛門の年譜は以下のとおりだ。

「安政三年（一八五六）長崎形（瓊浦形）御船打建掛、安政六年（一八五九）観光丸修復に付運用方、万延元年（一八六〇）長崎形御船に御用物積大坂表へ上乗組八月十日帰崎、十一月、造船並玉浦形御船打建掛、文久元年（一八六一）蒸気軍艦打建掛、文久三年（一八六三）献貢大砲鋳造掛仰せ付けられ、製鉄所兼勤（略）慶応三年（一八六七）七月　引き続き製鉄所掛、九月十六日病死。（行年四十八歳）」

（楠本寿一「ながさきの空」掲載文）

その経歴を見ると、安政四年（一八五七）の製鉄所（熔鉄所）着工から文久元年製鉄所完成まで、竜右衛門は長崎地役人のなかでナンバーワンの地位を占めていても不思議はない。にもかかわらず、資料の残存の関係からか、その事跡が忘れ去られているようである。

ちなみに、竜右衛門の年譜のなかに「長崎形・瓊（玉）形の御船」とあるのは、長崎造船所とは関わりなく、長崎の地で造られた洋式帆船のことを指す。安政三年から四年にかけて海軍伝習生を中心に造られたのは、一本マストのコットル船（カッター形六十トン、長崎形・瓊浦形）である。

製鉄所掛任命前の昌造

嘉永六年（一八五三）ころから長崎をはじめ下田・神奈川などで、外交交渉にあたる通訳として活躍していた昌造は、一時、活躍の表舞台から姿を消している。ふたたび公式に姿を現したのは、文久元年（一八六一）の長崎製鉄所掛に任命時であった。

開国の動きが始まった安政元年（一八五四）から、十六歳になったばかりの富二と出会う文久元年（一八六一）までの七年間、昌造はどのように過ごしていたのであろうか。

安政元年、昌造は伊豆国（静岡県）下田にいた。日米和親場条約に引きつづき、日露和親条約転結交渉のためである。やがて異郷の地で病気になり、安政二年（一八五五）六月に長崎に帰り着いてみると、長崎は海軍伝習の開始やあいつぐ諸外国軍艦の入港など、とても慌ただしいことになっていた。

長崎に戻ったばかりの昌造に、ゆっくり身体を休める時間は与えられなかった。六月二十九日「蒸気船乗方等伝習掛」、七月十九日「イギリス船掛」、二十二日「別段錫持渡商法掛助」八月十一日「別段御誂持渡代物取扱掛」「活字板摺立方取扱掛」など多くの加役を持たされている。さいわい、忙しさもその年のみで、翌三年には「究理測量坑鉱業伝習」という昌造好みの加役だけになっていて、蒸気船や活字などとともに新しい理化学の勉強にも時間を割くことができるようになった。

安政四年（一八五七）に罪を得て入牢させられてしまうものの、安政五年（一八五八）には病を理由に出牢（仮釈放）、万延元年（一八六〇）十月に正式に罪を許され、十一月に昌造は熔鉄所御用掛となった。十二月には熔鉄所の上棟式がおこなわれて「長崎製鉄所」と改名、建設に力を尽くしたオランダ人技術士官ハルデスは帰国となった。そして文久元年（一八六一）三月の落成式ののち、長崎製鉄所は正式に稼働を始めた。

昌造が罪を許されて、時を置かずして長崎製鉄所に迎えられたのはなぜなのだろう。まったくの私見であるが、造船や印刷などに詳しい昌造が、冤罪ともいえる事件で入牢したことに対する償いの意味があったのかもしれない。当時の長崎奉行は、有能で知られる岡部駿河守長常であった。

四人の長崎目付

岡部駿河守長常は、安政四年（一八五七）十二月二十八日に百十二代長崎奉行に任じられたが、着任は翌五年九月二十日である。岡部は、それに先立つ安政二年（一八五五）九月に長崎表取締御用目付に任じられており、長崎に在勤していた。

長崎表取締御用目付は一般に「長崎目付」と呼ばれ、正徳五年（一七一五）から、おもに長崎奉行の業務を監視するという目的で、半年の任期で始められたものである。まもなく定期的に派遣されることはなくなったが、ペリーやプチャーチンの来航を機会に再開されることとなった。

長崎製鉄所の生みの親となった永井岩之丞（玄蕃頭）尚志が長崎目付に任じられたのは、安政元年（一八五三）四月のことである。今度は、長崎奉行の監視だけではなく、協力者としての働きが期待されてのものであった。当初任期は一年とされていたが、諸外国からの使節の来航や海軍伝習所の創立などで、永井は安政四年三月に観光丸で江戸に帰るまで在勤した。

後任として在勤することになった浅野一学は安政二年四月に、その後任として岡部長常は安政三年（一八五五）一月に、長崎目付に任じられている。長崎奉行の補佐役でもあり監査役でもあった多忙な任務をこなしたのち、後任の木村図書に引継ぎをすませて、安政四年六月二十九日、永井尚志に三月遅れて江戸に帰った。およそ一年半の長崎目付であった。

岡部はその年の十二月二十九日に長崎奉行に任じられ、翌五年（一八五八）九月に長崎に着任した。その長崎奉行生活は、安政六年（一八五九）、万延元年（一八六〇）とつづき、文久元年（一八六一）九月に海路にて江戸に帰った。途中一年近い中断はあったが、岡部は足掛け五年ほどの長期にわたり長崎と関わったのであった。

幕末期の長崎目付について整理してみよう。

安政元年（一八五四）四月、永井尚志が海軍伝習と長崎御用を兼ねて就任している。次に浅野一学が安政二年四月に長崎御用目付として就任するが、伝習には関わらなかった。安政三年（一八五六）には岡部長常が、浅野と交代ということで着任している。翌四年には四月に交代として木村図書が着任すると、六月には岡部が江戸に戻った。長崎目付の木村図書（後摂津守）喜毅、オランダ側はカッテンディーケのもとで第二期海軍伝習がおこなわれている。安政五年から六年までの足かけ一年間のことであった。

四人の長崎目付のなかで海軍伝習所総督として就任したのは、永井尚志と木村図書のふたりであった。木村が万延元年太平洋を横断した咸臨丸の司令官であったのは、二代目伝習所総督であったことに由来している。

徳三郎を追うように

富二の生涯の友であった杉山徳三郎は、安政四年（一八五七）から始まった第二期海軍伝習に、十八歳で参加している。地役人五十五名のひとりとして、「西洋砲稽古」を、本来の任務に差支えのないときに伝習を受けるようにと命じられたのであった。

このとき富二は十二歳、長崎奉行所「隠密方御用番」として隔日勤務していた。

海軍伝習本来の目的は、蒸気軍艦を運用する乗組員の養成であった。しかし肝心の、蒸気機関に関心と能力の高い、技術屋としての素質がある人材が不足しているのが悩みの種であった。そのため、富二が奉行所に勤めはじめてからの勤勉ぶりと学びの姿勢が、上司の目にとまったのかもしれない。

安政五年（一八五八）三月、上役である町司定乗から次のような上申書が出されている。

「町司定乗杉山友之進弟　杉山徳三郎　町司　矢次和一郎弟　矢次富次郎は、この節武術の検分を仰せ付かっておりますが、二人は修業中の身でありますので、暫く御猶予をくださいますなら一統有難く、任務の励みともなります。何卒お聞きくださいますようお願い奉ります」

武術の励み具合の検分を猶予するほど、若いふたり、とくに十三歳になっていた富二（矢次富次郎）が一生懸命修業していたこととは何であったのだろうか。

前年に海軍伝習を命じられている。富二はまだ若すぎるようにも思われるが、徳三郎はもうすでに町司の仲間うちでは、その能力と意欲は評判になっていたのだろう。

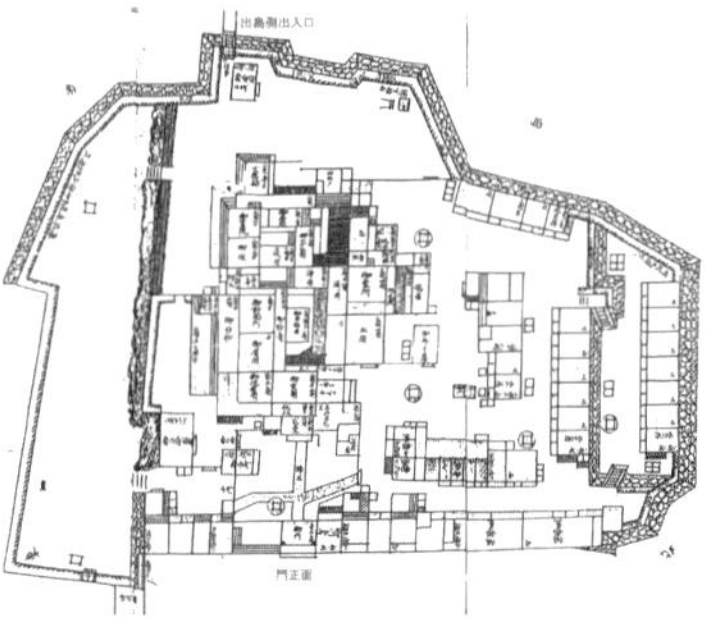

右半分が伝習助教場と宿舎
（藤井哲博著『小野友五郎の生涯』より）

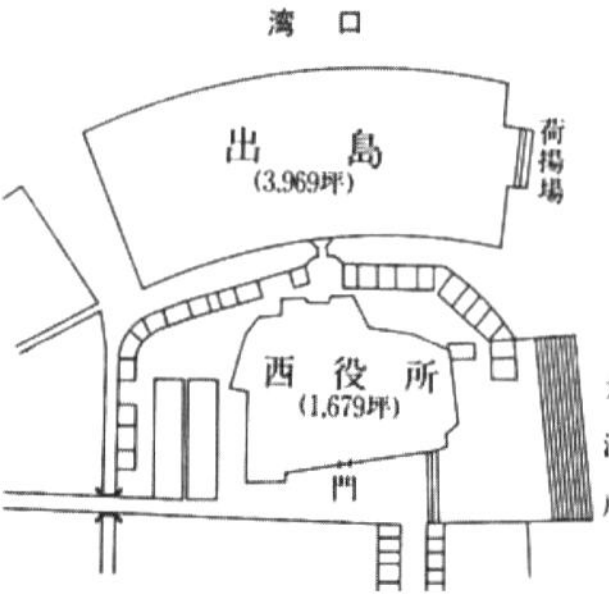

長崎奉行所西役所周辺図

近代日本の幕開けとなった海軍伝習は、安政六年（一八五九）の日蘭通商条約締結を機に、約三年間つづいた長崎海軍伝習所の閉鎖をもって終了した。しかし、医学伝習や長崎製鉄所はさらに建設がつづき、文久元年（一八六一）三月に長崎製鉄所工場が完工し、八月には養生所と医学所が開所・開校している。

安政六年（一八五九）、杉山徳三郎は二年前に建設が始まっていた長崎熔鉄所（製鉄所）に派遣された。その六年後輩であった富二は、二年後の文久元年（一八六一）に長崎製鉄所機関方見習を命じられたことによって、初めて近代的な造船業にかかわることになった。まだ十六歳の富二の、奉行所勤務での精進が認められたのであろう。富二は、正式発足とともに長崎製鉄所に入所したことになる。

富二が長崎製鉄所への出入りを始めたころ、徳三郎は製鉄所に常時勤務してはいなかったようである。万延元年（一八六〇）十二月に薩摩藩がイギリスから購入した、スクリュータイプの蒸気船「天祐丸」を運転して鹿児島に廻航していたらしい。

徳三郎自身が懐旧談のなかで「薩摩で汽船を購入したが廻航する者がいないので、長崎製鉄所に機関士を借りにきた。そのとき私が選ばれて廻航の役を引き受けたが、それから各所からも汽船の運転教師に頼まれて、十年くらい船に乗り廻った」と述べている。

長崎での海軍伝習が終了し、伝習所も江戸に移された。巨大な造船所も江戸に近い横須賀に建設されることになった。長崎の熱気は冷めつつあったが、いっぽうで長崎製鉄所が創立され、稼働を始めた文久元年（一八六一）には、より多くの人材を必要とするようになっていた。これまで海軍伝習をリードしていた地役人が病に倒れたり、高齢化したりしたためである。

また、せっかく高度な技術や知識を持つようになった者が全国の諸藩に引き抜かれたこともあった。その全容は明らかにできないが、杉山徳三郎が鹿児島藩や加賀藩に、平野富二が高知藩、中島名左衛門が萩藩（長州藩）に赴いたのはその一例である。

幕末の英語学習

文化五年（一八〇八）にフェートン号事件が起こり、イギリスが世界を制覇しつつあることを痛感した幕府は、阿蘭陀通詞に英語の学習を命じた。その後束の間の平安はあったものの、日本近海はふたたび英米の艦船で騒がしくなり、ついに嘉永六年（一八五三）にペリーのアメリカ艦隊が来航し、翌年日本は開国に追い込まれた。

海軍伝習所教官機関将校ハルデスの指揮によって、製鉄所建設の工事が始まったのは、安政四年（一八五七）十月のことである。長崎製鉄所はその後四年の歳月をかけて完成するが、建設にはやはり長崎地役人の働きが必要であった。建設を指導するオランダ人技術者と、工事をおこなう日本人職工のあいだの意思疎通は、通訳を介さねばならないが、若くて優秀な阿蘭陀通詞たちは、江戸や神奈川に呼び出されて外交交渉の矢面に立たされていた。

長崎では阿蘭陀通詞を中心に英語を学び備えていたが、それでも安政五年（一八五八）の通商条約締結を迎えると、英語通訳が圧倒的に不足していた。そこで目を付けられたのが、唐通事であった。

当時清国と呼ばれた中国では、イギリスを中心とする欧米諸国の侵略にさらされた結果、早い時期から英語が通用していた。英語の必要性を肌で感じていた若い唐通事たちは、阿蘭陀通詞とは独自に、中国語をとおして英語を学ぼうと、英華・華英字典を手に入れて学びはじめていた。また安政五年から来航して来た英国商船の中国人船員からも、数回にわたって直接英語を学ぶこともあったという。

大通事の鄭《てい》幹輔は、安政六年（一八五九）に長崎奉行の許しを得て、何礼之助や平井義十郎ら五人の若い唐通事を連れて長崎滞在中のアメリカ船に赴き、乗船していたアメリカ人マゴオンに二週間ほど英語を学んでいる。マゴオンはこの若い通事たちの進歩の速さに驚嘆したという。

長崎奉行（荒尾石見守、岡部駿河守が在勤奉行）は通訳の不足を補うため、唐通事たちに英語の習得を命じ、学習所を開設することとなった。さらに地役人の子弟のほか、学びたい者へ英語学習を呼びかけ、人材を募った。

安政四年（一八五七）に長崎奉行所西役所に「語学伝習所」が開設され、翌安政五年には名称を「英語伝習所」と改め、長崎奉行支配組頭永持享次郎の岩原屋敷に移された。頭取は阿蘭陀通詞の楢林栄左衛門と西吉十郎であった。楢林栄左衛門は安政六年（一八五九）五月に長崎奉行支配調役下役格として、西吉十郎は安政五年十月に江戸で外国奉行支配普請役格として幕臣（御家人）として取り立てられた。なお、栄左衛門は万延元年（一八六〇）十二月に急死している。

海軍伝習所が安政六年に閉鎖されたあとも、養生所と製鉄所の建設は文久元年（一八六一）までつづけられた。製鉄所建設が始まったころの製鉄所担当の通訳は誰であったのか、確実なことはいえないが、かなり多くの阿蘭陀通詞や唐通事が動員されていたようである。

残念ながら、長崎製鉄所が正式に発足した文久元年ごろの日本側の職員については、製鉄所御用掛に任じられた昌造以外にはどのような人物がいたかはよくわからない。

何礼之助と平井義十郎

文久二年（一八六二）、語学伝習所は片淵郷（現片淵町）の乃武館《だいぶかん》に移って「英語稽古所」になり、翌文久三年には「英語所」となって立山役所内に移り、何《が》礼之助と平井義十郎が学頭となった。これと同時にふたりはともに長崎奉行支配定役格に取り立てられたが、じつは身分制度の厳しい江戸時代には町人身分の長崎地役人通詞（通事）から、幕臣（御家人）に身分替えすることは非常に難しいことであった。

ふたりが幕臣に取り立てられたときには、長崎奉行大久保豊後守・服部長門守から老中へ推薦状が出され許可を得たうえでおこなわれた。平井義十郎の伝記『維新への澪標』（平井洋著）にはその推薦状が記載されているので、一部わかりやすく書き直して紹介する。

「（前略）当地の通詞どもはもとより身分のない者たちで、術業（語学と言う特技）で召し抱えられているので、幕府の家臣（御家人）としての覚悟もございません。これに就いては、江戸や神奈川・箱館ではそれぞれ身分を引き上げて御家人に取り立てているので、極秘の交渉ができているとのことです。もっとも当地長崎でも、岡部駿河守が在任中の末年（安政六年・一八五九）に和蘭大通詞楢林栄左衛門が支配定役に取り立てられた先例もございますので、今年五月にお渡しになられた委任状に従い、しっかり人選いたしたうえで、平井義十郎と何礼之助を栄左衛門と同様に定役格を申し渡し、定役並の通三十俵三人扶持……（以下略）」

この上申は、老中有馬遠江守・井上河内守・板倉周防守・水野和泉守・酒井雅楽頭の五人の連署で許可されている。幕府が通詞（通事）の幕臣化を急いだのは、奉行所で機密の外交交渉の通訳をさせるということだけではなく、欧米諸国との通商条約締結の交渉が目前に迫っていたためであろう。

何礼之助は、文久三年（一八六三）秋江戸からの急御用で、船を仕立てて呼び出された。横浜鎖港を交渉する池田長発使節団の通訳をするためのものであったが、使節団の出航に間に合わず、空しく長崎に戻ってきた。この使節団の通訳は、前に楢林栄左衛門とともに幕臣となっていた西吉十郎が務めた。

平井義十郎も、条約締結済の国々と条文の細かい修正をおこなうための通訳として、同じく文久三年の十一月に船を仕立てて江戸に呼び出されている。この交渉は比較的簡単に終わり、義十郎は東海道から京都に回り、暫く滞在して元治元年（一八六四）四月には長崎に戻ってきた。

礼之助と義十郎は、その後さしたる任務もなく、語学所から名称を変えた「済美館《せいびかん》」（長州藩蔵屋敷跡）で指導をしたり、運上所で交代勤務をしたりしていた。

慶応三年（一八六七）になると、礼之助は柴田大介（昌吉）、柳谷謙太郎、松田周次らを従え江戸に上り、開成所（後の東京大学）の教授をしたり、江戸での海軍伝習の指導にあたったりするようになった。

通詞から幕臣へ

平野富二が文久元年（一八五四）に完成した長崎製鉄所で働くようになったとき、本木昌造は製鉄所御用掛であった。この製鉄所御用とは、おそらくハルデスなどオランダ人技術者の意思疎通のための通訳としての任務であったのだろう。

島屋政一著『本木昌造伝』（朗文堂・二〇〇二）には「天保十三年（一八四二）十八歳になった本木昌造はオランダ通詞職を仰せ付けられて、それから万延元年（一八六〇）に長崎製鉄所の御用掛を命ぜられるまで十九年のあいだオランダ通詞の職をつとめた」と述べられている。

ところが、昌造は御用掛になって通詞を辞めたのではないようだ。製鉄所御用は加役（特別に加えられた任務）であって、昌造は阿蘭陀通詞の制度が終わるまで、つまり慶応三年（一八六七）まで、阿蘭陀通詞であった。慶応三年七月に阿蘭陀通詞と唐通事の区別はなくなり通弁役としてまとめられ、明治新政府でも慶応四年（一八六八）六月までは通弁役という役職になっている。

昌造が長崎製鉄所で御用掛を務めていた文久二年（一八五五）から慶応元年（一八六五）までの期間、昌造と新人の富二は、長崎製鉄所が購入したチャールズ号（長崎丸）とヴィクトリア号（長崎丸第一）にて、船長と機関手として日本の近海を乗り回していた。しかし同時に、ふたりはれっきとした長崎地役人の阿蘭陀通詞と船番見習であった。

慶応元年の明細分限帳には以下のようにある。

「天保六未年稽古通詞同十一子年小通詞末席弘化三午年小通詞兼ママ（並カ）嘉永四亥年小通詞助同六丑年小通詞過人被仰付当丑年迄都合三十一年相勤

無給　阿蘭陀小通詞過人　昌左衛門倅　本木昌造　丑四十三歳」

ややわかりにくいが、「同（嘉永）六丑年」に「小通詞過人」になり、「当丑年」とあるのは慶応元年のことで、昌造はペリー来航から海軍伝習、通商条約締結、開国など、もっとも大変な時期に十二年間も小通詞過人（予備役）として、まったく昇進していないようである。

昌造はどのようにして、阿蘭陀通詞から長崎製鉄所御用掛として幕臣に取り立てられたのだろうか。

慶応四年（一八六八）一月十四日、最後の長崎奉行河津伊豆守が、鳥羽伏見の戦いの旧幕府軍の敗報を知って、福岡藩主と佐賀藩主に宛ててこのように書き送っている。

「製鉄所取扱い方の儀は支配定役本木昌造へ申付け置き候間」（『考察と補遺』）

長崎製鉄所の経営管理を昌造に委ねたという旨の表現中の「支配定役」とは、長崎奉行支配定役という幕臣扱いの身分である。長崎奉行が勝手に地役人を幕臣にすることはできない。また、河津が奉行として着任したのは慶応三年（一八六七）十月十二日で、大政奉還の二日前であった。時間的にも、河津奉行が昌造を定役格という幕臣に取り立てることは難しいと思われる。

実は河津が赴任する三カ月前の七月に長崎地役人制度の大改革がおこなわれた。多くの地役人は「長崎奉行支配」の幕臣となり、長崎はサムライの町に変ったのである。この時、昌造も「阿蘭陀通詞」の身分から「支配定役」という幕臣となったと思われる。

いずれにしろ、明治新政府への移行期における製鉄所にとって、昌造が大きな役割を果たしたのは確かのようである。

なお、明治維新により長崎が新政府の支配下になると、昌造は通詞役から外れて地役人集団のナンバーツーの地位、取締助役となっている。

陽其二と何幸五

昌造の周りにはさまざまな能力をもつ人材が集まった。なかでも富二と終生関わりのあった品川藤十郎・陽其二・何幸五らは、昌造と同じ通訳を職としている。若くして阿蘭陀大通詞を務めた藤十郎は、その父親の品川藤兵衛が昌造とともに印刷技術の習得に励んだ仲間でもあった。

唐通事の陽其二や何幸五は、製鉄所通弁御用を命じられたことがきっかけで、昌造と親しくなったと思われる。

安政五年（一八五八）ごろから、何礼之助（礼之）や平井義十郎（希昌）ら若い唐通事たちを中心に、英語の習得への動きが活発になっていた。指導者は唐大通事の鄭幹輔で、この勉強仲間から、明治時代の通訳界をリードする錚々たる人材を生み出した。貴族院議員となった何礼之や、明治天皇お気に入り通訳となった平井希昌、そのほか太田資政、潁川君平、柳谷謙太郎など多数の唐通事出身者が活躍している。

陽其二は、『唐通事家系論攷』（宮田安著）に「文久二年（一八六二）に長崎丸機関方を拝命し、将軍上洛に供奉した」と書かれている。これが正しいと考えると、安政五年、二十一歳のころには英語の学習をし、また蒸気機関の勉強も進めていたということになる。

其二の年譜によれば、慶応元年（一八六五）に稲佐（長崎）製鉄所に勤務し、活版製造事業を管理していたという。このときに富二や昌造と出会ったのであろう。

以後昌造に私淑し、慶応二年（一八六六）九月の項には「本木昌造私塾開設専ら活版製造事業創設するにより管理者となり傍ら子弟の助教を兼務す　二十九歳」とある。「其二年譜」（『唐通事家系論攷』）は「陽其二履歴」から主に採ったもので、信頼性は高いといわれている。ただ、慶応二年に新町私塾を開設したとは明らかな誤りで、これは明治二年（一八六九）のことである。

明治三年（一八七〇）、其二は昌造の指示で横浜に赴き、横浜毎日新聞の刊行に携わっている。師の昌造が日本最初の新聞崎陽雑報（週刊）を明治元年（一八六八）に発行しており、いっぽう其二は明治三年に日本最初の日刊新聞を発行したことになる。これもまた年譜には、明治四年（一八七一）十二月十二日とあるが、明治三年十二月八日が正しい。

ともあれ、陽其二は多芸多才多趣味の人であったらしい。明治五年（一八七二）東京へ出てきた富二に対しての協力を惜しまず、印刷業や製紙業にも関わり、多忙を極めたという。その人となりは温厚洒脱で、教養があり、中華料理に詳しく、後年ついに自分で中華料理店まで開いている。

何幸五は、何礼之助の三歳違いの弟で、英語は兄に従って学んだものと思われる。幸五も、其二とともに本木昌造と親交があり、協力を惜しまなかったといわれているが、元治元年（一八六四）にほかの唐通事とともに神奈川詰を命じられ、長崎を去っている。

分限帳に見る富二

慶応元年（一八六五）の明細分限帳の平野富二の記録は以下のとおりである。

「文久二戌年船番見習被仰付当丑年迄四年相勤　受用高三百目　同断（此分助成）　船番見習　藤兵衛倅　吉村富次郎　丑十九歳」

ここでの大きな問題は、平野ではなく吉村となっている点と、養父の名前が庄之助ではなく藤兵衛となっている点である。

『考察と補遺』の古谷昌二氏は、庄之助の名前が慶応元年の分限帳に見当たらないことから「吉村昌次郎は、長崎奉行所の勤めを辞めたものと見られる」と述べている。

とすると、分限帳にある御役所附船番触頭吉村藤兵衛の倅、船番見習の吉村富次郎は、平野富次郎とは別人ということになる。しかし、年齢や文久二年（一八六二）に勤めはじめたという分限帳の経歴などから、一年違いは気になるものの、同一人物と考えられるのではないか。

ついでながら、十年前の安政二年（一八五五）の分限帳には、「御役所附船番吉村庄之助」が記載されている。この庄之助が十年後に藤兵衛と改名したのか即断できないが、安政二年には船番の項に吉村庄之助、吉村巻之助（御役所附船番）、吉村虎二（船番）、吉村源太郎（船番見習、竜之進倅）の四名を、町司の項には吉村甚兵衛（町司）、吉村重太夫（町司）の二名を、遠見番の項には吉村寛太夫（遠見番）、吉村彦之進（遠見番）二名の名前を見付けることができた。

これらのことから、矢次（平野・吉村）富次郎は、慶応元年に吉村藤兵衛の倅（養子）として「吉村富次郎」と名乗っていたのではないかと考える。

平野富二は、長崎地役人の町司矢次家の次男として生まれ、十六、七歳の時に長崎製鉄所勤務を命じられて師と仰ぐ本木昌造と出会った。通説によると、そのころ長州藩長崎蔵屋敷の屋代（御用達商人）の吉村庄之助の養子となったが、間もなく吉村家と離縁して、先祖の姓をとって平野家をおこした。そののち本木昌造の切願によって活版印刷の事業を東京で成功させ、その勢いを駆って宿願の造船業に乗り出し、これも大成功させたとされている。

残念なことに、富二の生涯でもっとも大切な青年時代の様子がいまひとつはっきりしていない。

平野富二の伝記は、基本的には富二が生前親しく付き合っていた同郷長崎出身の福地源一郎（桜痴）の筆になるものに拠っている。福地は名文家として有名であったが、時として筆が滑ることがあるので、気をつける必要があるのではと思っている。

富二、造船業への志

富二は、文久元年（一八六一）に長崎製鉄所完成と時を同じくして機関方見習に任命され、師と仰ぐ本木昌造はその前年十一月に長崎製鉄所御用掛の加役を命じられている。富二の生涯の友となった杉山徳三郎は、安政六年（一八五九）に建設途上の長崎製鉄所に派遣されている。徳三郎二十歳で海軍伝習二期生として修業してから間もなくのことであった。

明治四年（一八七二）に、本木昌造から活版印刷業への要請があった際、富二は「鉄工・造船の事業に一生をゆだねようと固い決心をしている」といったんは断っている。富二のなかで、造船業への思いが固まったのがいつごろなのかは判然としていない。

私見であるが、長崎製鉄所の建設が始まった安政四年（一八五七）、十二歳つまり長崎奉行所の御用番として勤めるようになったころではないかと考えている。この年に杉山徳三郎が海軍伝習に参加することを許されていたため、それをうらやましく思ったかもしれない。富二と徳三郎は六歳違い、同じ町司の家の出であり、住まいも引地町と出来大工町という町司長屋が並ぶ近所であった。徳三郎は、製鉄所完成の二年前の安政六年（一八五九）には、すでに製鉄所に派遣されたという。（杉山謙二郎著『明治を築いた企業家杉山徳三郎』碧天舎・二〇〇五）

長崎ではこの少し前から、洋式船の建造や蒸気機関の研究が始まっていた。本木昌造が安政二年（一八五五）六月に「蒸気船乗方伝習掛」、翌三年十月には「究理測量坑業伝習」を命じられたことは知られているが、このような伝習はこれまでも述べてきたように、他の多くの地役人たちにも命じられている。

安政二年（一八五五）長崎奉行は、蒸気船製造を佐賀藩の伝習に付き添っておこなうように大木藤十郎・山本物次郎・横山喜三太・竹内卯吉郎・野口善太夫に命じている。さらに奉行は同じときに、遠見番嘉悦良三郎・同見習児島羊太郎に「蒸気船運用其外伝習本掛」を命じ、同じく唐人番池辺竜右衛門・船番緒方賢次郎には、軍艦製造方伝習をするときには蒸気機関方写絵其外書物手伝いもして、各種の用法方も心得ておくようにと細かい指示をしている。同年十二月には「蒸気船伝習掛」を町司伴梅吉郎・船番竹内勝三郎・唐人番土屋修蔵・遠見番嘉悦良三郎・御役所附竹内卯三郎に命じている。

このように、けして多くはないが、池辺や竹内など地役人たちが、造船の分野で優れた業績を挙げていた。本木昌造の生き方が大きな影響を与えたことも確かであろうが、富二が造船を生涯の仕事と決めたのは、このような地役人たちの働きに触れていたからではないかと考えている。

「軍艦朝陽」事件

慶応四年（一八六八）一月、長崎奉行所は廃止となり、長崎の地は諸藩の代表者と地役人代表によって一時的に治められることになった。「長崎会議所」という。しかしそれもつかの間、明治新政府は、九州鎮撫総督として公卿の沢宣嘉《のぶよし》を派遣し、二月からは長崎裁判所総督となった沢によって治められることになった。前年十二月に土佐から長崎に戻り、長崎地役人に復帰していた富二も、長崎製鉄所に勤めることとなった。

長崎裁判所は、旧幕府から受け継いだ蒸気船「朝陽」を兵庫まで廻航することを決めた。富二は一等機関手として朝陽に乗り込んだものの、船は下関沖で機関が故障、報告のため長崎まで戻った。長崎裁判所の命により、富二は本木昌造とともに京都に赴き、朝陽の修理費用や小菅修船場の買収資金などを受け取ったという。ふたりの京都行きは、互いの信頼関係をより深める時間となったのは想像に難くない。

そして修理を済ませた朝陽は、新政府側の軍艦として明治二年（一八六九）二月に函館へ向けて長崎を出港した。このとき、富二は船には乗り組んでいない。

戊辰戦争が終わりに近づくなか、箱館を占拠した榎本武揚らは、新政府への抵抗をつづけていた。

朝陽は五月に箱館沖に到着し、箱館攻撃に参加した。ところが榎本艦隊の「蟠龍」艦が放った一弾が火薬庫に命中し、またたくまに轟沈してしまった。

乗組員に多数の戦死者を出し、そのなかに長崎出身者を数えると二十六名もいた。その多くは水夫や火焚（火夫）であったが、士官階級の長崎地役人出身者は牛嶋鹿之助（船番）・鬼塚麟之助（遠見番）・野村金吉（町司）・馬場農次郎（唐船掛宿町附町筆者）・本庄豊馬（唐人番）・山口亀三郎（不詳）・山脇大三郎（長崎会所請払役）らである。船手掛で蒸気船の運用に長けていた彼らは、富二と同年輩の若者であった。

故障トラブルもなく、富二がそのまま朝陽に乗っていたならば、箱館沖で戦死していたであろう。同じ志をもっていた長崎の若者たちが、箱館の海に沈んでいったことに対し、富二は何も語っていないが、強い思いを抱いたものと考えられる。野村金吉の戦死により野村家を継いだ野村宗十郎（築地活版所社長、昌造の嫡子小太郎も含めると五代目社長）への富二の態度には、それを感じさせるものがある。

若き富二を取り巻いた仲間たちの青春群像は、彼のその後の人生に大きな影響を与えたことであろう。

第六章

体当たりで成功させた造船業

新政府の工業近代化政策

明治新政府の工業近代化政策は、揺れ動いていた。鉄道の建設は明治五年（一八七二）から始まり、意欲的に進められていたものの、旧幕府が建設した近代的工場などは、新政府の朝令暮改に振り回されて効率的な操業ができない事態になっていた。たとえば昌造や富二が関わっていた長崎製鉄所は、長崎奉行所の管轄から、明治には長崎裁判所、長崎府、長崎県、工部省、民営（三菱）の長崎造船所と変化している。

富二が狙っていたのは、東京およびその近郊の官営造船所である。東京湾内には、慶応元年（一八六五）に幕府が起工し、完成が明治四年（一八七一）となった大造船所の横須賀製鉄所があった。横須賀製鉄所のための準備工場としては、先に慶応元年に完成していた横浜製鉄所があった。そして、水戸藩の嘉永七年（一八五四・十一月二十七日に安政元年に改元）の大船「旭日丸」建造に起源を持つ石川島製鉄所は、ペリーの来航に触発されて造られた日本で最初期の洋式造船所である。

明治政府の横須賀造船所維持の方針は揺るがなかったが、横浜と石川島ではその維持について苦慮していた。とくに横浜製鉄所は場所的にも問題があり、横須賀造船所の下請け的な存在でもあったため、その運営には苦心していた。

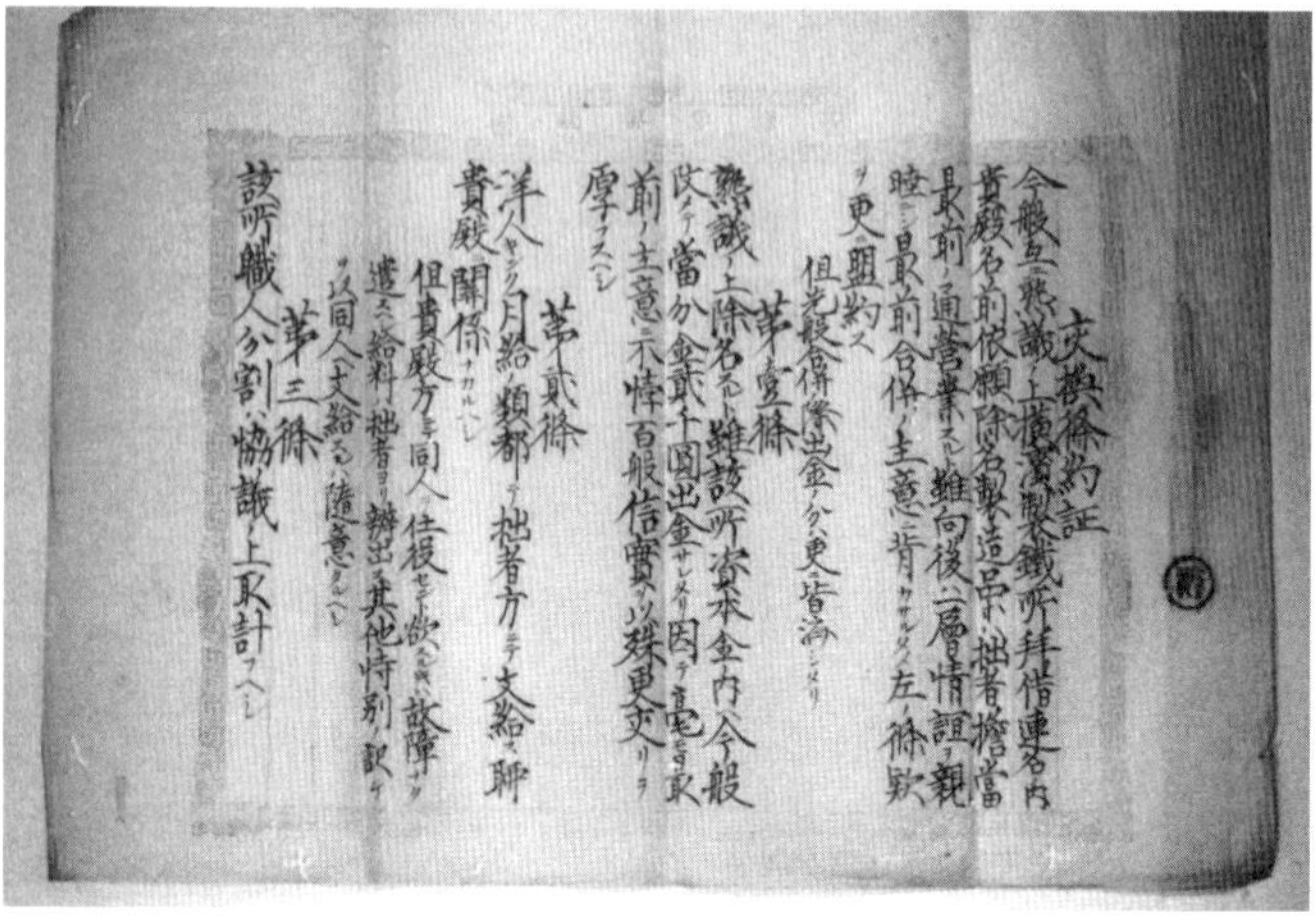

交換條約証
今般互ニ熟議ノ上横濱製鐵所拝借連名内
貴殿名前依願除名製造品ハ拙者擔當
最前ノ通営業スルト雖向後ハ層情誼ヲ親
睦ニ最前合併ノ主意ニ背カサルタメ左ノ條款
ヲ更ニ盟約ス
但是迄合併際出金ノ分ハ更ニ皆済シタリ
第壹條
熟議ノ上除名スルト雖該所資本金内ヘ今般
改メテ當分金貳千圓出金サレタリ因テ毫モ貴殿
前ノ主意ニ不悖百般信實ヲ以殊更交リヲ
厚フスヘシ
第貳條
洋人ヘヤンク月給ノ類都テ拙者方ニテ支給ス聊
貴殿関係ナカルヘシ
但貴殿方ニテ同人ヲ使役セント欲スル時ハ故障ナク
遣スヘシ給料ハ拙者ヨリ辨出ス其他特別ノ訳ヲ
以同人ヘ支給スルハ随意タルヘシ
第三條
該所職人分割ハ協議ノ上取計フヘシ

横浜製鉄所に関する富二と杉山の交換条約証
（古谷昌二編著『平野富二伝　考察と補遺』より）

横浜製鉄所の変転

明治六年（一八七三）海軍省管轄であった横浜製鉄所（製作所）は、横須賀造船所から分離して大蔵省駅逓寮の管下にはいった。郵便汽船の補修に当たらせようというのである。翌七年には郵便蒸気船会社に貸与され、さらに明治八年（一八七五）には郵便蒸気船会社が倒産、十一月には郵便汽船三菱会社に貸与されることとなった。

ところがひと月も経たない十二月には、易断で有名な横浜の富豪の高島嘉右衛門と、長崎の女商人で茶の貿易で大利を得た大浦慶、同じく長崎人の杉山徳三郎の三名に横浜製鉄所を貸し渡している。大浦慶は名義だけ、高島嘉右衛門は地元の名士とい

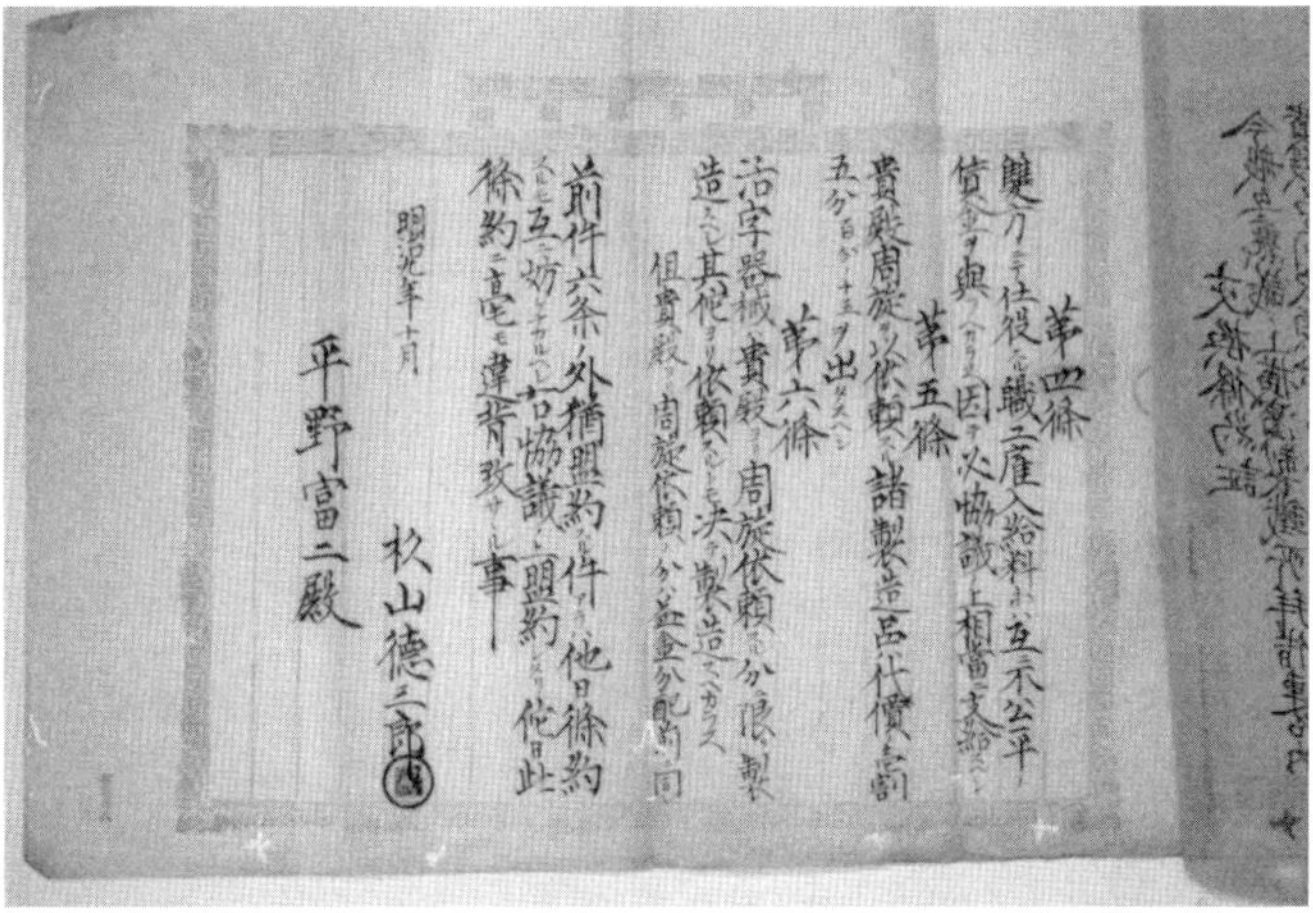
第四條
第五條
第六條
明治九年十月
杉山徳三郎
平野富二殿

横浜製鉄所に関する富二と杉山の交換条約証
（古谷昌二編著『平野富二伝　考察と補遺』より）

うことで名を連ねていたが、すぐに身を引いている。実質上の経営者である杉山徳三郎は、明治九年（一八七六）五月に旧友の富二を一員として迎えたが、同年十月に富二に石川島ドックが貸与されると、そちらに専念するため横浜製鉄所の経営から身を引いている。

長崎人である大浦慶や杉山徳三郎が、なぜ横浜製鉄所の経営に関わるようになったのか。

杉山は富二の六年先輩で、安政の海軍伝習に参加して機関術を学んでいる。幕末には加賀藩や大聖寺藩に招かれて、琵琶湖運航の蒸気船を建造した。その後兵庫製鉄所で造船もおこなっており、当時は平野と並ぶ優秀なテクノラート（技術者）であった。

大浦慶は近代工業とはまったく無縁であったが、幕末に茶の貿易で財をなし、その金で長崎に潜入した勤王の志士たちを応援していた。坂本龍馬や陸奥宗光など亀山社中の志士たち、大隈重信、松方正義等、いまを時めく明治政府の高官たちは、慶の世話にならない者はいなかったという。

その慶が、明治四年（一八七一）に旧熊本藩士遠山一也の口車に乗って煙草輸出の保証人となり、詐欺にあって四千五百両もの被害を受けた。恩義を受けていた政府の高官たちは、破産した彼女をそのまま見捨てるわけにはいかないと、たまたま処置に困っていた横浜製鉄所の経営を慶と同郷の徳三郎に任せて、慶を名前ばかりの経営者に据えたものであった。

官営工場の民間払い下げについては、このころから政府で検討されていたようである。明治九年（一八七六）の横浜製鉄所の貸し渡しは条件が厳しく、経営上の権限は政府が握り、貸与を受けた民間人はあたかも下請け人さながらの状態であった。これではやっていけないと早くも見限ったのは高島嘉右衛門で、つづいて平野富二も手を引いて、自分なりの道を探ろうとしたのである。

徳三郎も横浜製鉄所からの撤退を考えたが、おりからの西南戦争で兵器の製造等多忙となり、辞めることができなかった。西南戦争が終わると仕事もなくなり、徳三郎は明治十一年（一八七八）一月に製鉄所拝借人から外れた。

こうして、横浜製鉄所は開店休業状態となり、八月には政府に返上してしまった。返された政府もその処置に困り、海軍省と相談し、もとの横須賀造船所に戻して附属工場として存続させることにした。明治十一年の十月のことである。横浜製鉄所の運命はさらに変転し、明治十二年（一八七九）十二月には再び平野富二が関わることとなる。

杉山徳三郎はその後、明治十三年（一八八〇）から筑豊炭田の目尾《しゃかのお》炭坑の開発に乗り出し、近代的採炭法で大成功を収めて日本の炭坑産業を大きく変革させた。

いっぽう大浦お慶の動向は、横浜にいたのか長崎にいたのかはっきりしない。明治五年（一八七二）にオルトから遠山の借金の返済訴訟をおこされた結果、遠山は詐欺罪で懲役十年の刑、慶は連帯保証人として全財産を失ってしまった。明治十年（一八七七）ごろには裁判沙汰も終わりを告げ、慶の生活も落ち着いていたのだろうか。これから七年後の明治十七年（一八八四）、五十五歳で亡くなった。

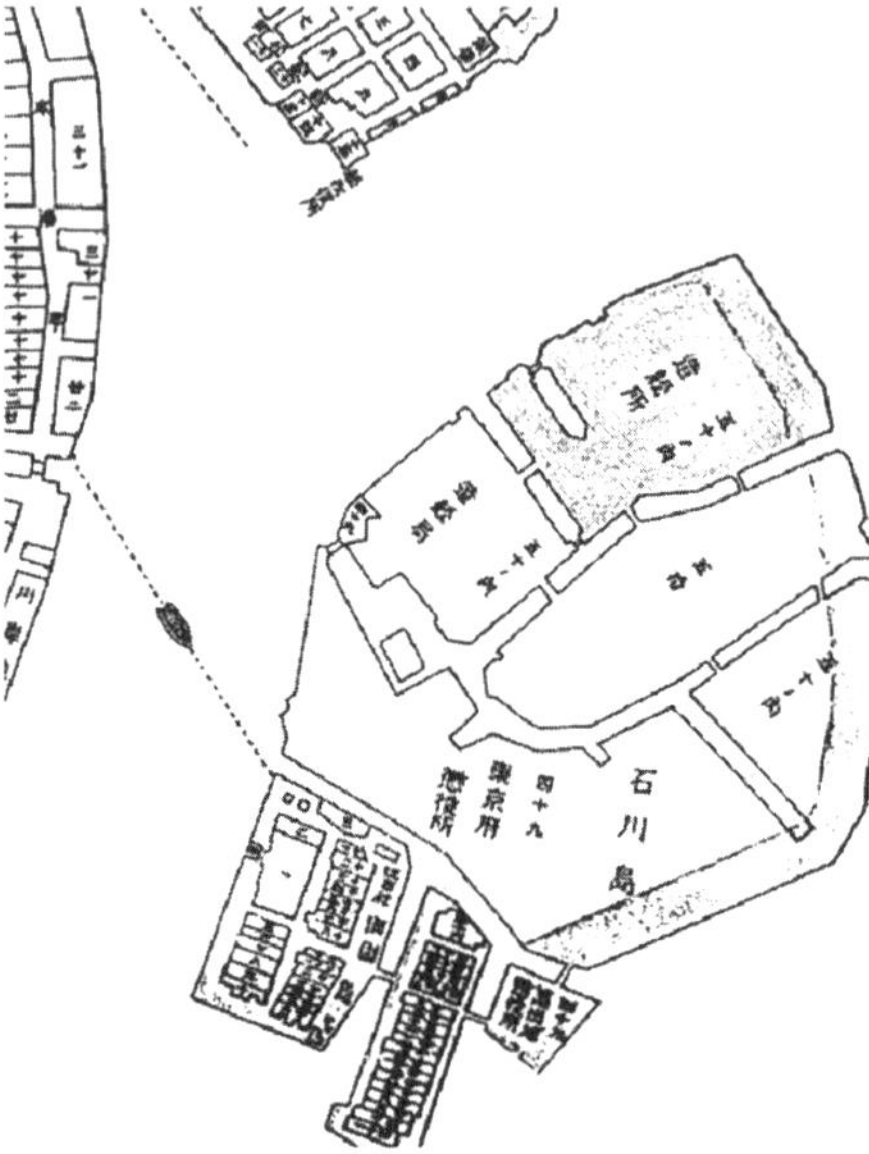

明治９年の石川島地図（『実測東京全図』より）

官営石川島造船所の払い下げ

平野富二が横浜製鉄所から身を引いた理由は、貸出しの条件が民業育成とは程遠いものであったことであるが、もうひとつ、石川島造船所が廃止されることになったためである。

石川島造船所の歴史は古く、水戸藩が幕府の要請で洋式帆船「旭日丸」（厄介丸）を建造したのにはじまり、洋式小型帆船「君沢形」、小型蒸気艦「千代田形」など船を造りつづけ、幕府の海軍整備の中核となっていた。ところが慶応元年（一八六五）に小栗上野介らの働きで横須賀に大造船所を建設することになり、石川島は小型木造船の建造や修理をする程度の造船所となった。

明治にはいってからの石川島の所管は目まぐるしく変わり、慶応四年（一八六八）

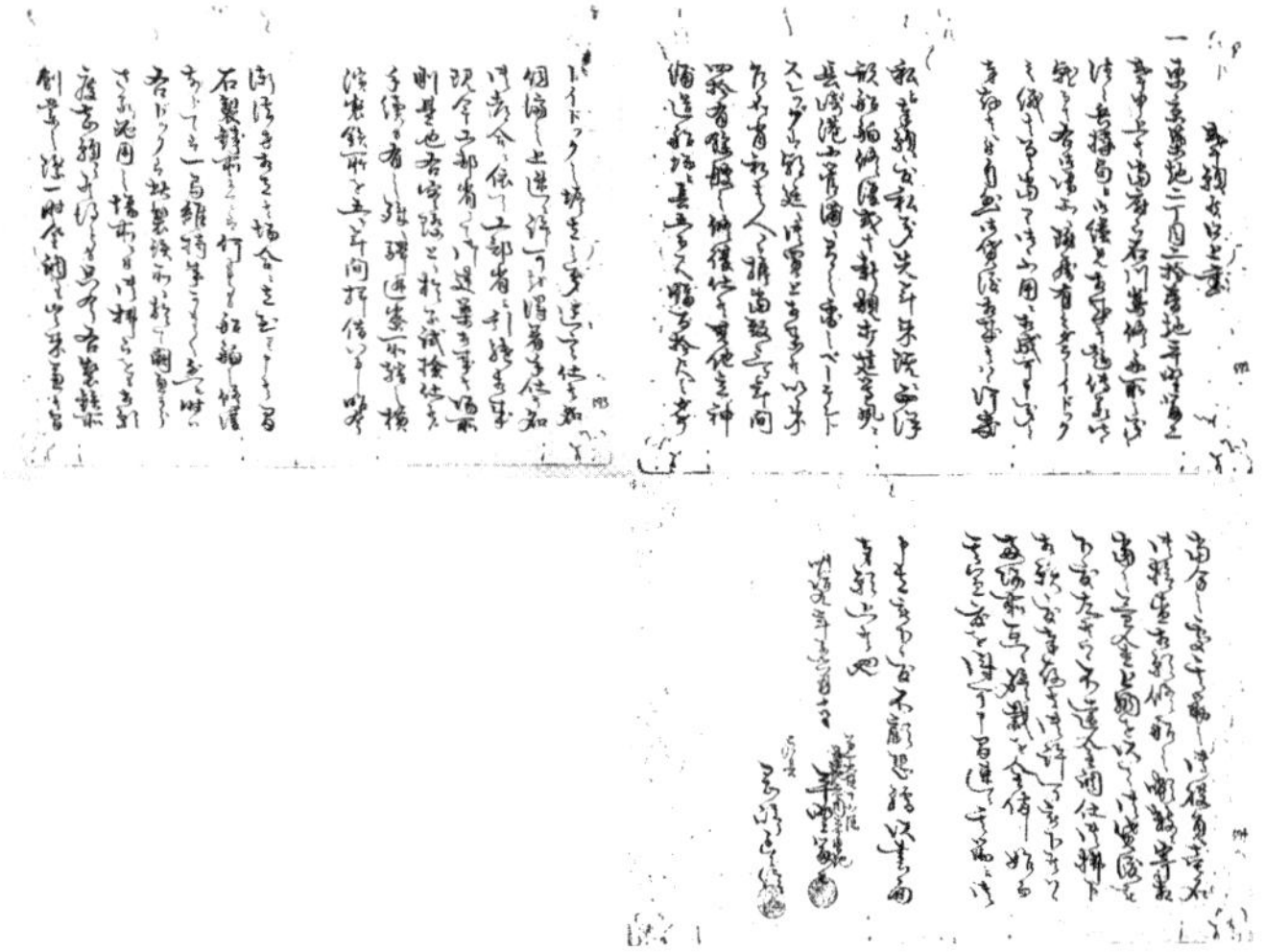

平野富二自筆の願書

に軍務官管下、明治二年（一八六九）民部省土木司、明治三年（一八七〇）工部省、明治四年（一八七一）兵部省、明治五年（一八七二）海軍省という具合である。

　横須賀造船所と横浜製作所が工部省から海軍省に移管された明治五年には、艦船に関する工事は横須賀造船所が担当することになり、石川島造船所の存在意義が失われた。明治九年（一八七六）八月に石川島造船所は閉鎖されることになったが、富二はこの動きを察知し、貸与の願書を明治九年六月十四日付で東京府に提出した。

　回答がないことに業を煮やした富二

は、八月三日付で再び追願書を出している。内容について、古谷昌二氏が『平野富二伝　考察と補遺』でやさしく書き直しているので、全文を紹介しよう。

追願

先般、石川島修船場の拝借を願いでているが、その後、どのような成り行きになっているか、その筋に問合せて頂き、どうか許可されるようお願いする。

同所の機械所に設置してある機械類は、その内に撤去されると聞いているが、設置には莫大な費用をかけており、そのまま取り壊してしまっては勿体ない。

現在、築地において活版機械のみならず各種機械を製造しているが、周囲に人家も多くなり、油烟や騒音を気にしながら営業している。

機械所と不要機械類を、ドックと共に拝借させていただければ、築地に所有している蒸気機械や平削り盤・旋盤・蒸気ハンマーをその機械所に移転させたい。

そうすれば、修理船の事業も今まで以上に盛大に運営できる。

築地弐町目弐拾番地

明治九年八月三日

平民　平野富二

東京府権知事　楠本正隆殿

これに対して海軍省から九月十九日付で原則許可の回答が出た。ただ、機械所機械類の貸渡しは除外された。活版印刷を始めた男として、しだいに世に知られるようになっていた富二だったが、東京に出てきてからまだ五年にも満たない一民間人に、荒れ地同様とはいえ東京のどまんなかの造船所の借用を許されたことは異例なことであった。

しかし、いきなりの造船所開業は大きな困難をともなった。東京に活版印刷所を開設したときには、本木昌造に育てられた八名のスタッフがいた。富二にその技術力を見込まれて、連れて来られた者たちである。今回の石川島造船所の借用・設立などすべては、平野富二ひとりの決断によるものであった。たったひとりでは造船所の運営は不可能である。

このとき富二は、当時工部大輔であった山尾庸三に相談を持ち込んだという。山尾は、富二が明治四年（一八七二）に長崎製鉄所を退職させられるきっかけとなった人物であるが、この人生でもっとも重要な案件について富二は助言を求めたのである。

両国から発着する通運丸（『石川島播磨重工業株式会社社史』より）

石川島の貸与を可能にしたのは、富二の背後にいた山尾という高官の存在のおかげだともいわれている。さらに石川島造船所を成功させるために必要な人材で富二の片腕となった人物、稲木嘉助とアーチボルト・キングを推薦したのも山尾であった。

稲木は横須賀造船所で造船職工長を務めていたが、富二は石川島造船所創立にあたって造船所長（造船工長）として の待遇で招聘した。キングは明治八年（一八七五）酔って暴行事件を起こして工部省の工学校を免職になっていたところ、翌年富二によって横浜製鉄所に私的に雇われ、明治十二年

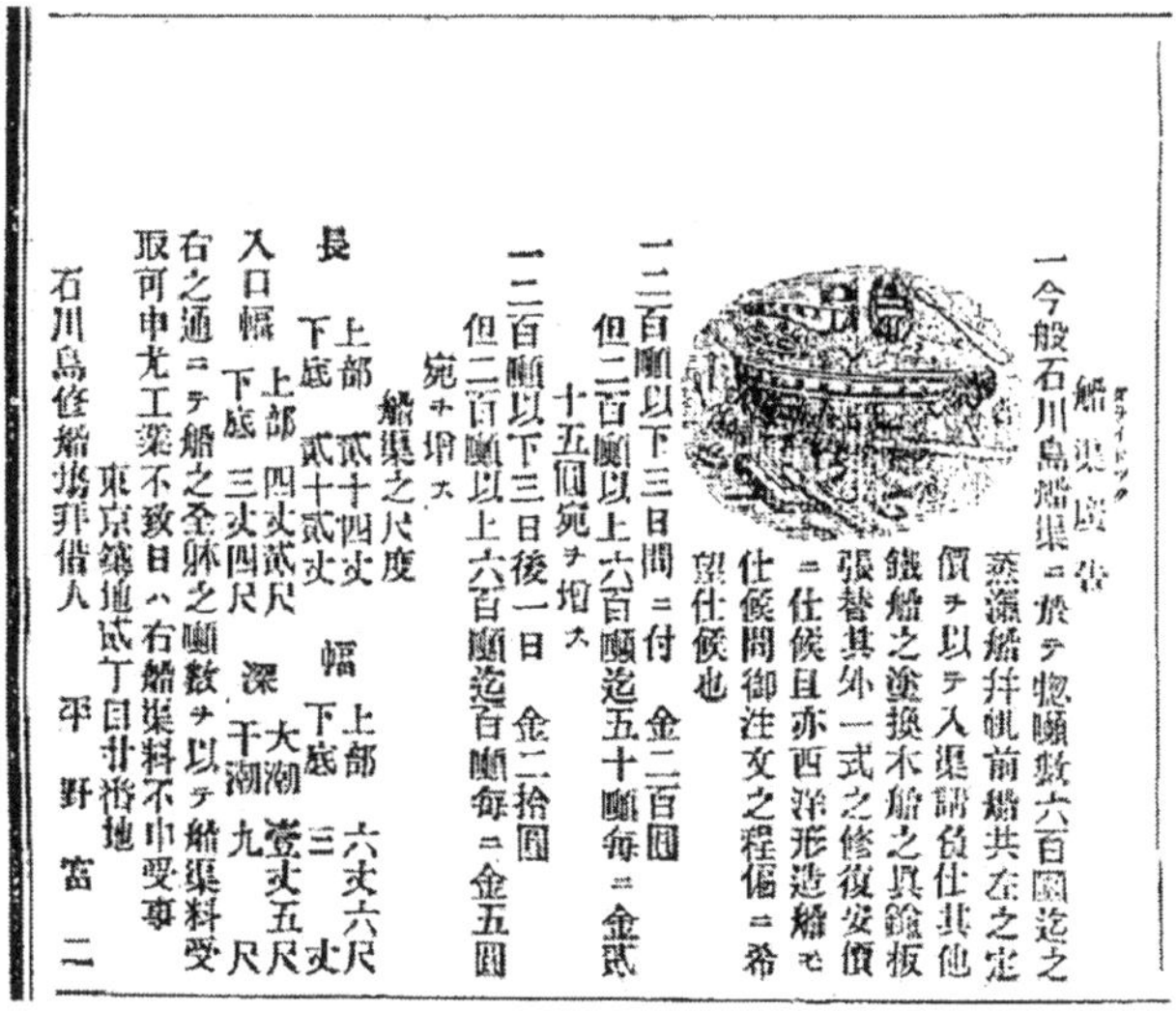

船渠《ダライドック》広告

一今般石川島船渠ニ於テ惣噸数六百噸迄之蒸滊船幷帆前船共左之定價ヲ以テ入渠請負仕其他鐵船之塗換木船之眞鍮板張替其外一式之修復安價ニ仕候且亦西洋形造船モ仕候間御注文之程偏ニ希望仕候也

一二百噸以下三日間ニ付　金二百圓
　但二百噸以上六百噸迄五十噸毎ニ金貳十五圓宛ヲ増ス

一二百噸以下三日後一日　金二拾圓
　但二百噸以上六百噸迄百噸毎ニ金五圓宛ヲ増ス

船渠之尺度

長　上部　貳十四丈　　幅　上部　六丈六尺
　　下底　貳十貳丈　　　　下底　三丈

入口幅　上部　四丈貳尺　　深　大潮　壹丈五尺
　　　　下底　三丈四尺　　　　干潮　九尺

右之通ニテ船之登躰之噸数ヲ以テ船渠料受取可申尤工業不致日ハ右船渠料不申受事

東京築地貳丁目廿番地
石川島修船場拜借人　平野富二

「ダライドック」広告（『横浜毎日新聞』明治９年12月27日）

（一八七九）には石川島で造機技師長となった。キングは、イギリスのグラスゴー大学から招聘されて来日した青年技師である。木型が専門であったが設計にも優れ、日本語が堪能で職場にも溶け込み、部下への指導も親切だと評判がよかったという。

操業は明治十年（一八七七）から始まったが、最初からつまずきの連続であった。記録によると「兼ねて請け負った船の工事が進まず、小西九兵衛（西宮の酒造問屋）に売り渡す船の代金が折り合わず破談となり、数千円の損失を出した」とある。この年に建造した船は、内国通運会社（現在の日本通運）

発注の第二から第五までの通運丸四隻であった。「第一通運丸」は横浜製鉄所で建造していたが、不具合があり、石川島のドックで改造工事をおこなっている。

石川島は隅田川の河口に位置し、土砂が堆積して大型船の航行は不能であった。そのため、吃水の浅い河川航行専用の小型船建造が主となっていたが、石川島自慢のドライドックは、六百トンまでの船舶は入渠することができた。

結局、操業第一年目の明治十年には、差し引き一万一千三百六十九円という巨額の損失を出した。これは、三隻の通運丸の売り上げが計上されなかったためといわれている。ちなみに、「第二通運丸」は二十四トンの外輪蒸気船で、長さは二十一・八メートル、二十馬力のエンジンであった。船価は四千五百五十円であった。

この蒸気船の運用については、一般の人々が蒸気機関を運転することなどできなかったので、通運丸の引き渡しの際に富二や稲木嘉助が実際に運航してみせて指導しなければならなかったという。

自作自演の造船所経営

明治十一年（一八七八）になると引き合いも順調に増えていき、七隻を新造した。「東

洋式帆船「第二九店丸」（『東京石川島造船所製品図集』より）

雲丸」「第一九店丸」「第二九店丸」「第一通快丸」「第二通快丸」「長安丸」「高麗丸」であった。まだまだ蒸気船についての理解も薄く、運転できる技術者も少ないことなどから、受注のほとんどが洋式帆船であった。

「東雲丸」の注文主は深川木場町の材木問屋で、二百十六トン。製作費は一万二千百十八円余であった。富二にとってなかなかの自信作であったようで「西洋規則之通に打建誠堅牢なる船にて試運用候処殊之外乗前も能き至極上出来」と自慢まじりに東京府に報告している。九店《くたな》丸《まる》シリーズは大阪の廻船問屋が連合して注文したもので、前年不調に終わった小

「第一通快丸」の双螺旋駆動用主機（『図説日本蒸汽工業発達史』より）

西九兵衛も仲間にはいっていた。

石川島で製造したスクーナー形の洋式帆船はなかなか好評で、造船所の経営に役に立った。しかし富二の本願は、蒸気船を普及させることであった。蒸気船をどのように活用すればいいのか。海外との航路は外国船に握られており、国内航路への利用についても需要が見込めない。

そこで富二が考えたのは、みずから設立した海運会社でデモンストレーション用の蒸気船を運航させて、需要を喚起させようとするものであった。この年に蒸気船二隻を自費で建造し、販売先が見つかるまで、自分が船主になって東京湾内の航路を開拓して運航させた。これらは通快丸シリーズと呼ばれ、「第一通快丸」は三十七トン、スクリュー式。「第二通快丸」三十七トン、外輪蒸気で、東京・浦賀・館山間の渡航営業の許可を取り、平野と稲木の共同で運航を開始した。

この東京湾内の運航はなかなか好評で、あとにつづく海運会社も現れた。のちに東京湾汽船安全会社として合併し東京平野汽船組合が設立された。現在では東海汽船株式会社として、東京から伊豆七島までを運航するまでになっている。

この通快丸シリーズ建造にあたっては期するところがあったらしく、富二は、どれほど親しくしていたのかわからないが、福沢諭吉を招待して祝辞を述べてもらっている。

……（前略）……旧長崎の器械学者平野富二君は多年造船について志あり、数年前より東京に移住し活版の器械を製造して既に府下第一流の名をなしたれども、もともとの志を忘れることなく、明治九年の秋、石川島主船所の旧地を官（国）から借用し、私費を以て造船の職人を雇い、必要の器械を集め、造船師稲木嘉助とともに図って明治十年の初より帆前船の製造を企て、期年にして功を竣《おわ》り此の

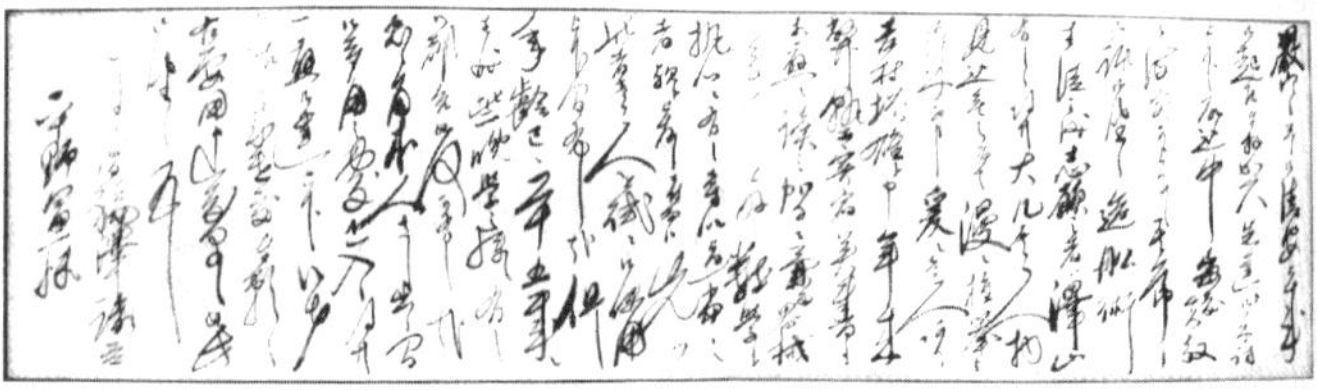

福沢諭吉の平野富二宛書簡

年一月七日船卸し（進水）の式を執行したり。船の長さ九十尺巾二十尺、深さ十尺五寸、船名を通快丸という。その堅牢はもとよりむろん結構の方法すべて造船術の本式に従って厘毫《りごう》も違えることなし。これを一見すれば宛然たる西洋船にて唯日本の材木と銅鉄とを用いたるもののみ、蓋《けだ》し日本国中私の企てを以て船を造り其法のもっとも正しく其結構のもっとも堅くして、加えるに其費用のもっとも少なきものは此の通快丸の製作を以て第一着と称せざるを得ず。航海の一大進歩を徴するに足るべし。余輩は平野君の私の為に祝するのみにあらず。天下人民の為に之を祝し海国の大勢果たして進んで退くなきを祝するなり。依って鄙辞《ひじ》を呈すること斯くの如し。

明治十一年（一八七八）一月七日　　福澤諭吉

（『平野富二伝』）

福澤諭吉は、慶應義塾の卒業生を石川島造船所に推薦したこともあったが、富二の東京進出以来の活躍をしっかりと見ていたようで、平野の将来も見据えた適切な祝辞を述べている。

明治十一年は、まだまだ資金難にあえいでいたものの、将来の発展を約束する年でもあった。

石川島造船所には船舶の新造・修理の依頼も舞い込み、思いがけない器械の製造も頼まれた。このころから北関東を中心に盛んになっていた製糸業において機械製糸に蒸気機関を利用するようになり、石川島にも製糸機械の引き合いもくるようになっていったという。

活版印刷所と造船所の分離

活版印刷は、昌造が亡くなった明治八年（一八七五）には企業の基盤も確立し、急成長を遂げる。平野富二は、造船家としてよりも、印刷家としてのその名が知られていた。

明治十一年（一八七八）になると、石川島造船所もようやく軌道に乗りはじめた。富二は、東京で世話をし、指導もしていた本木昌造嫡子の小太郎を伴って長崎に帰り、昌造の命日九月三日に盛大な三年祭を営んだ。これを機に、いままで曖昧であった築地と石川島のあり方について、はっきりさせなければと考えたのである。

ここで富二は、活版印刷所関係者一同に対して、東京（築地）活版製造所と石川島造船所の実状をつぶさに報告した。そのうえで、両者の棚卸資産が十三万円であることを報告して帳簿を差しだした。

「これらを全額、本木家に返還する。自分は、本木昌造に活版印刷を託されたときに誓った『事業を軌道に乗せて利益を出すことができた暁には、すべてを先生に返還して、自分は本来の念願であった造船業を起こします』との言葉を実行したい」

一同は非常に驚き、だれひとり富二の申し出を認める者がいなかった。しかし富二の意志は固く、再度旧醵金《きょきん》者の代表である松田源五郎、品川藤十郎と本木小太郎を交えて話し合いがおこなわれ、つぎのように決めて決着した。

・金三万円は、石川島造船所の棚卸金四万円余から本木家分一万円を差し引いたもので、平野富二所有となる。

・金一万円は、築地活版製造所の資本金十万円の内から株高一万円を平野富二所有としたもので、石川島造船所の棚卸金相当額と引きかえたものである。

・金三千円は、築地二町目十三、十四、十七、三十九番地の土地購入代金で、元社長の本木昌造から、月給並びに報奨金として平野富二がもらい受けたものである。

・金六百円は、精米所設置の出資金で、平野富二名義五百円、中村六三郎名義百円で、いずれも平野富二の所有である。

活版所と造船所の所有権はこのように決められ、東京活版製造所の資産九万円余は本木家とその他の出資者の所有となった。さらに、石川島造船所と東京活版製造所の株金一万円ずつを本木家と平野家で交換して所有し、両所の関係が絶えることのないようにした。人事では、本木小太郎を東京活版製造所の所長にし、富二は後見として事務いっさいを統括することにした。また、明治五年（一八七二）に富二と同行してきた桑原安六が支配人となることになった。

富二がいかに寡欲であることか、驚くばかりである。

同郷同志の友、中村六三郎

精米所設置の出資金の名義人として名前があがっている、中村六三郎について少し述べてみよう。

六三郎は、明治二十五年（一八九二）の富二の葬儀で親戚総代を務めたが、実際の親戚関係はない。富二よりも五歳年長で、慶応元年（一八六五）の長崎地役人の分限帳には、北馬町の乙名（町長）として記載されている。海軍伝習での第三期生で、杉山徳三郎と同期であった。

六三郎は砲術を主とした伝習を受けている。高島秋帆の弟子で家来でもあった中島名左衛門にも砲術を学び、名左衛門と長州に赴き、ともに砲術の伝習をおこなった。名左衛門は、下関で馬関台場の築造指導をおこなったが、攘夷の無謀さを説いたことにより長州藩士に暗殺されている。

長崎に帰った六三郎は、今度は新進気鋭の町年寄であった久松寛三郎に付いて砲術や英語をきわめ、長崎防衛のため長崎奉行が組織していた遊撃隊（明治新政府になって振遠隊となる）鉄砲組の指導にあたった。

明治維新に際しては新政府下にはいることを潔しとせず、江戸に出て徳川家に従い静岡に赴くが、明治三年（一八七〇）に新政府に召し出された。大学南校教授、文部省権中助教、広島師範学校校長を歴任し、明治九年（一八七六）に三菱郵船学校校長、のちに同校が官立東京商船学校となると同校校長となった。その後二十年間校長を務めると、退職後は海事教育に捧げ、全国を回って海事思想の普及と海員の養成と福利厚生施設の充実に努めた。

明治十一年ごろは越前堀にあった三菱郵船学校の校長で、富二の葬儀のときには東京商船学校長であった。富二との交流は明らかではないものの、同郷でともに海事に尽くしていることから、親しい間柄であったのだろう。

中村六三郎顕彰碑（長崎公園）

現在、長崎市中心部の長崎公園（諏訪公園）入口付近に六三郎の巨大な紀功碑が建っている。

横浜石川口製鉄所の設立

横浜製鉄所は、禍と福とをもたらす存在であった。邪魔者扱いされた横浜製鉄所はとうとう横須賀造船所でもてあまされ、明治十二年（一八七九）には廃止されることになった。

横浜製鉄所の拝借人を脱退したあとも、石川島造船所の機関部門の製造を委託していた富二は、廃止の情報を聞きつけ、明治十二年七月十七日付で「横浜製鉄所拝借願」を東京府へ提出した。願書は東京府経由で海軍省に出され、十二月に許可の回答があり、十二月三十日に貸渡締約書が結ばれた。

富二がどうしても欲しかったのは、幕末に幕府がアメリカやオランダ、イギリス、フランス等から購入した機械類で、蒸気ハンマーや軍艦補修用製鉄機械などの工作機械が貴重だったためである。横浜製鉄所を、船体を造る石川島造船所と機関類を造る横浜工場に分けて操業しようと考えていたのであった。

「禍」とは、富二が横浜製鉄所を受け取りに赴いていた最中の十二月二十六日に、日本橋箔屋町を火元とする大火で類焼してしまったことである。さすがの富二も落胆を隠せなかったというが、翌明治十三年（一八八〇）一月には早くも「横浜石川口製

明治 15 年頃の石川口製鉄所の写真（『幕末・明治のおもしろ写真』より）

鉄所」（横浜製鉄所を富二が改名した）で操業を始めた。

横浜石川口製鉄所は、民間ではもっとも設備の整った機械専門工場で、あらゆる産業の器械設備の注文に対応することができた。ここでは船用機関類を始め、鉱山機械・土木機械・蒸気用原動機・印刷機械・製紙機械・鋼製橋架などを製造した。

この横浜石川口製鉄所の活況を、明治十三年十二月二十八日付の横浜毎日新聞ではつぎのように報じている。

大隈（重信）参議及び佐野（常民）大蔵卿には一昨日午前九時十五分新橋発の汽

石川口製鉄所の職員、中央が富二（三谷幸吉『本木昌造・平野富二詳伝』より）

車にて横浜なる石川口製鉄所へ赴かれ新製の諸機械試し運転を一覧せられたるよし。聞く所に拠れば該製鉄所は元来海軍省の所轄なりしが本年一月の頃、府下石川島造船所の平野富二氏へ貸渡されしより僅か一カ年を出ずして暗車及び外車の大小蒸気船の機械を始め陸用諸機械其他汽鑵類数多を製造し就中長崎県下佐賀物産会社の注文にて製造したる紙漉機械並びに汽鑵ボロ煮鑵等は頗る精巧にして参議卿其他来観の諸君も大に称賛されしと。又其の機械は西洋形にして其製造する紙は我国尋常の紙種を用い美濃紙或は半紙等一日に凡そ一噸位を製造し得るものにして此紙は広く海外へ輸出するの見込みなりと云う。

横浜石川口製鉄所を手に入れた富二にとって最大の課題は、資金の問題であった。明治十七年（一八八四）横浜石川口製鉄所は、海軍省の許可のもとに建物と機械類をすべて石川島造船所へ移し、敷地は国へ返還した。以降、石川島造船所は造船部門と造機部門を併せて充実させ、日本で一流の機械製造工場となっていくのであるが、そこには金融の渋沢栄一の登場を待たねばならなかった。

渋沢栄一からの援助

「徒手空拳」という言葉は、平野富二の生き方をじつによくいい表している。ブルドーザーのように周りの人々を巻き込みながら、己の信じる道を突き進んでいくのである。

本木昌造に活版印刷を託されたときは、八名の同志と己の首を賭けた千円を持って上京し、がむしゃらに働いて成功を収めた。

ボロ工場の石川島造船所を借りて造船業を立ち上げたときも、活版印刷で成功したわずかな資金をもとに、帆前船を製造したり製糸機械を作ったり、やりくり算段をしながらしのいできた。政府からの援助はいっさいない。

そもそも富二と明治政府とのあいだには、ほとんど繋がりがなかった。富二は旧幕府側の長崎出身である。長州閥や薩摩閥のような後ろ盾もなかった。さらに彼自身、権力者と癒着して事業を起こそうという気はさらさらなかった。明治時代という近代工業がいままさに勃興しようというときに、時の権力側からの庇護がないということは、大きな不利であったろう。しかし富二の性格からして、政や官にすり寄ることを好まなかったのである。

富二とライバル関係にあった川崎正蔵は、薩摩の御用商人から身を起こし、薩摩閥を背後に造船業に割り込んできた。富二に一文も援助しなかった政府は、川崎には三万円を融資している。

川崎は明治十一年（一八七八）石川島の近くの築地に築地（川崎）造船所を設立し、さらに兵庫にも造船所を設立した。明治十九年（一八八六）には、官営兵庫造船所の払い下げを巡って富二と競願となり「同資格であるが、川崎が先願した」という理由で川崎正蔵に払い下げられた。代金は五十年賦無利息で十八万八千円余であったが、即金で五万九千円であった。恐らくタダ同然ともいうべきであったろう。

同じようなことは三菱とのあいだでもおこなわれた。明治十七年（一八八四）に長崎造船局は郵便汽船三菱会社へ、代金（固定資産額）は四十五万九千円と評価し、五十年賦無利息で支払うというものであった。

長崎造船所に関しては、幕府時代からの総投資額を見つもると、想像もできない巨額に達している。たとえば、富二が長崎製鉄所時代に手がけた第一ドックの建設費だけでも、四十万二千円余であったという。

この大造船所を、三菱は明治二十年（一八八七）に九万一千円余の即金払いで払い下げを受け、ここに三菱長崎造船所の誕生となるのである。これには土佐閥の意向が働いているといわれているが、富二にはなんの閥も存在しなかった。

明治維新の近代工業発展時に、政・官・財が癒着して一大財閥を形成していったことは、日本の歴史が証明するところであるが、この善悪を問うことはまた別の話である。もちろん産業を起こすには巨額の資金が必要で、きれいごとでは済まされない問題であろう。

後ろ盾を持たない富二は、毎年のように資金難に苦慮し、各地を飛び回っていたという。そんなとき渋沢栄一と出会い、石川島造船所（今日のＩＨＩ）の大恩人となってくれたのである。

経緯については、私の駄文よりも渋沢本人自身に語ってもらおう。

……（前略）……私が平野君と初めて相識ったのは、誰かの紹介で何でも明治も十一、二年頃のことであったと記憶している。当時は我国の海運業一向振わず、機械工業また漸くその緒についたばかりであったのであるから、平野造船所の経営甚だ難儀であったらしく、幸い私が第一銀行をやっていたので、私の所へ来さえすれば直ぐにも金融がつくと思ったのか、しばしば私を訪ねて借金を申し込んだものである。が、平野君はただ金を借せと云うのではなく、その都度造船業の必要を力説して止まず、その熱心誠に感ずべきものがあった。一体、平野という人は私より六つばかり若く、なかなか一途の性格の男であった。で、私はよく「君は馬車馬の様に、前ばかりしか見ないで困る」と叱言を云ったものであるが、一途であっただけに当時世人の重きを置かなかった造船業に着目し、敢然これを独力でやるだけの勇気も出たのであろう。ともかくさしたる資力なくして、至難にして必要なる事業に先鞭をつけたのは、殊勝な大志と申してよかろう。

さて私は、平野君に叱言を云い乍らも、君の説の尤も至極であることを次第に諒解し、やがて私自身日本が海国である事、従って造船業をもっとも振興させねばならない事を充分承知するようになったので、平野君から金融を頼まれる度に無下にことわる事をしなかった。然し乍ら何をいっても平野造船所には確実な資力がある訳でなく、第一銀行にしても、その性質が商業銀行なのであるから、造船所のような仕事に、左様に簡単に金の借せるものでない。さりながら当時の日本は、凡ての近代産業が漸くその緒につこうとしていた時なので、意義ある事業ならば商業銀行であるからと云って、冷淡に棄て丶置けるものでなく、また棄てて置いては成らない時でもあったので、私は海国日本に於ける造船業の緊要を思っては、幾度か「金を借すべきか、否か」について自問自答をこれ久しうして、思い悩んだものであった。これはなかなかの心労で、今もその頃の思案をまざまざと想い出せる程である。

そして結局、平野君の依頼の無理からぬ事を了解し、造船業という私には全然素人の仕事ではあったが第一銀行から何でも七、八万円貸出したことがあったように記憶している。その後、平野造船所の資金難は益々加わる一方で、引き続き金融を乞われるので、その都度「何等確固たる基礎もないのに、やり損なったらどうする考えか」と逆ねじを食わしていたが、そうは申したものゝ私の内心には「懸念ばかりしていては世の中の事業が発展せぬ」と云う考えがあったので、遂に明治十七、八年頃になって、かねて第一銀行にも関係のあった宇和島の伊達家家令の西園寺公成氏と鍋島家令の深川亮蔵氏と私の三人で、大枚十万円を持ち寄って、これを平野君に借す事になった。その出資の割合は伊達、鍋島両家から三万円づゝ、私が四万円であったと記憶している。その時の条件は、何でも出資に対して年八分の利子を払って貰い、なお利益があったばあいにはその内の半分を再配当として受けると云う約定で、一風変わった方法であった。この出資とも融通ともつかぬ妙な援助が、私の造船業に直接関係し始めた最初である。（後略）

（『考察と補遺』）

こうして富二は、力強い味方をバックにして、今度は軍艦「鳥海」の建造に乗り出すのである。この渋沢の援助から発展して株式会社組織に変わり、平野富二の個人会社から脱して、富二の早すぎる死後も石川島造船所は発展をつづけることになる。

東京平野土木組

横浜製鉄所を吸収合併したことは、石川島造船所の造船能力を高めたとともに、事業の拡大をもたらした。

先進的な機械を製造しても活用できる技術者が少なかったため、結局は富二や石川島の技術者がみずからデモンストレーションするか、その新しい機械を用いて新しい事業を起こして需要を喚起するしかなかった。そのため、必然的に造船業以外にも事業を広げていくことになったのである。

また、困ったことや困難なことの解決を頼まれると、損得を度外視してそれに挑戦しようとする富二の性格も、事業拡大の一因であった。

前述の東京平野汽船組合もそうであったが、平野土木組も思いがけないやり取りのなかから生まれている。

あるとき、常盤炭坑の石炭の搬送をどうしたら効率的にできるかという相談が持ち込まれた。木道ではうまくいかず困っていたところに思い付いたのが、フランス人ドコビールが発明した軽便鉄軌の使用であった。軽便鉄軌は、宮城県に頼み込んで試用したものの、その後購入して利用する業者はいなかった。

そこで目を付けたのが、折から進行していた鉄道建設である。

富二は、工部省の井上勝鉄道局長のもとに部下の今木を陳情に行かせた。あきらめずに何度も足を運ぶうちに、局長からこう返ってきた。

「俺は鉄道局の局長であるのに、お前のところの番頭とまちがえているのではないか。それでは人に頼むよりも、鉄道敷設工事をお前らが請け負ってみて、みずからドコビール軽便鉄道の便利さを宣伝したらよかろう」

「私どもは根が鍛冶屋で、船は造っても土木はできません」と今木が神妙に答えると、

「目下、品川から赤羽まで郊外線路（現在の山手線）を敷設することになっているから、それを請け負え。それができなければ、どこへ行っても売ることはまかりならぬ」といわれた。

そこで個人会社「平野土木組」の名前でこの工事を請け負うことにしたものの、富二らは土木工事に関してはまったくの素人である。どのような見積もりをしたらよいか、皆目わからない。それでもなんとか、ドコビール軽便鉄軌を使ったらどのくらいでできるかを試算して鉄道局に提出した。その金額はじつは当時の相場の半分ほどで、鉄道局も本当にできるのか心配したというが、ともかく落札した。

蒸気機関車（『内務省土木局臨時報告』添付のドコビール社製品図集より）

これに怒ったのが、ほかの土木業者である。ある日、いかにも荒々しい男が恐ろしい剣幕で怒鳴り込んできたという。

「俺たちの商売を邪魔する気か」「この値段でできるか、値段を上げろ」「お前のところは鍛冶屋だ。船でも造っておればよいのに、余計なことを始めた。俺たちの商売をどうしてくれるのか」

ともかく平野土木組は、軽便鉄軌の宣伝になればと、明治十七年（一八八四）五月より工事を始めた。元来、ドコビール軽便鉄軌が軽快で便利であることのデモンストレーションが目的であったから、政府の高官・各県の県令・土木関係者が上京するのを待ち受けては工事現場に案内した。現場の近くには来館者を接待する家屋を借り受け、フランス人の技師長を住まわせ、コックを雇って、

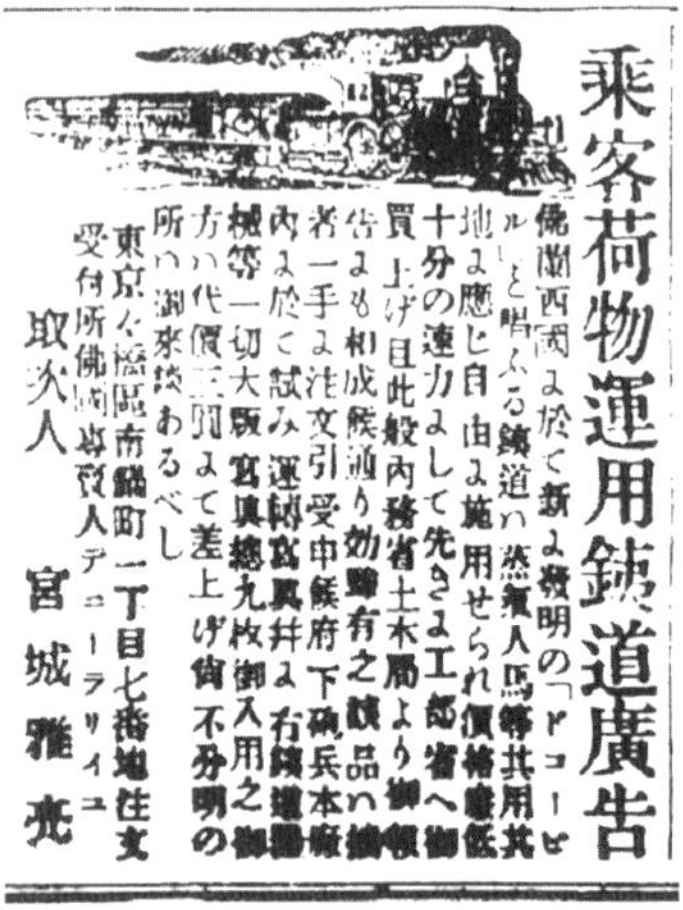

ドコビール取次人の広告
（『朝野新聞』明治15年4月29日）

ときには贅沢な宴席を設けた。

宣伝効果は絶大で、軽便鉄軌の引き合いが多くなり、しだいに売れはじめた。さらに思いがけなかったのは、採算を度外視した鉄道の請負工事のはずが、明治十八年（一八八五）三月に線路の土木工事の完成を待って清算してみたところ、接待などたいへんな無駄使いをしたにも関わらず、二割五分の利益が出て四千円ほどが手元に残った。

これは造船よりもはるかに利益が出るということで、鉄道局からもつぎつぎに工事の発注を受けて、関東地方の線路建設に参加した。土木の大手であった鹿島組もドコビール軽便鉄軌を採用し、足尾銅山では鉱石の運搬にこの軽軌を利用するようになった。

足尾銅山を経営する古川市兵衛とは、富二が石川島造船所を経営するようになってから知り合い、意気投合する間柄になっていた。明治十七年、足尾では新しい鉱脈が発見され、近代的設備を積極的に導入して採掘にあたったが、国内で製造できる機械はほとんど石川島造船所から納入されたものであったという。

（※この節についてはほとんどが『考察と補遺』からの引用である）

二度も重症で倒れ、造船業に専念

平野土木組は、軽便鉄軌の輸入販売という石川島造船所にとって思いがけない副産物を生んだが、これは平野富二にとって本意ではなかった。近代的な機械工業を盛んにしたかった富二は、利益は度外視していたところがあった。それでも仕事はいくらでもあり、儲けも大きかった。もちろん損をしていたら事業が継続できない。利益が出ることは非常に大事で嬉しいことである。ただ、本業としないところで儲かることに、忸怩《じくじ》たる思いがあったようである。

明治十九年（一八八六）になると、富二は脳溢血を発症し、翌年にも再発し重症に陥って話すこともままならなくなった。そのため、富二の心を忖度した親族や古い友人たちは、本業の造船業以外の事業を整理することにした。

大きな利益を出していた平野土木組に関しては、残った人たちで存続させていくべきではないかと主張する人もいた。多くの人々の生活に関わるためさまざまな感情のいきちがいもあり、不愉快な思いを残したまま平野土木組は廃業した。明治二十一年（一八八八）春のことであった。

富二が、採算を度外視しても製造したかったのは軍艦である。「自分の一生の使命は、軍艦を造ることである。そして生涯の希望は、日本の機械工業を先進の外国にいささかも負けぬように発展させることである」というのが口癖であった。

軍艦のような兵器は、工業技術の粋を尽くしたものである。富二は、軍艦を造ることによって日本の工業技術の質を高めたかったのであろう。海軍工廠に所属していたわけでもない、商用の船を扱う一介の造船屋に過ぎなかった富二に、思いがけず軍艦を造るように命令が出た。海軍の軍備拡張である。

軍艦「鳥海」の建造

海軍では、明治十六年（一八八三）に三隻の軍艦を建造することを決定した。その三隻とは一等砲艦「愛宕」「摩耶」「鳥海」で、同型艦である。「愛宕」は横須賀造船所、

進水直前の砲艦「鳥海」（『石川島技報』12号より）

「摩耶」は神戸の小野浜造船所で、いずれも海軍造船所で建造されることとなった。残る「鳥海」は、どこの造船所で造るかが検討されたが、明治十八年（一八八五）一月に民営の石川島造船所に建造させることが決定した。

海軍省主計局の意見書にはこう記されている。

「石川島平野造船所は、先般、横浜製鉄所の諸機械等を石川島へ引移し済みにして、蒸気艦の製造能力充分なりと認むるにより、同形砲艦三艘の内建造場所の決定していない一艘を石川島に製造せしめては如何」

民間の造船所による初めての鉄製最新

鋭軍艦である。設計は海軍省でおこない、船体と機械の仕様書を渡され、工期は二十三カ月、工費十六万四千五百円で製造するように命じられた。

工事は最初から困難にぶち当たった。

まず第一に、職工の技術の問題があった。軍艦は全体が鉄板で覆われており、その鉄板にリベットを打ち込んで繋ぎ合わせる。設計に従って鉄板を曲げ、正確緻密に、しかも強度をもって一体化するのである。このような工法は、木造船製造に慣れた職工にとって初めての経験であった。鉄板を繋ぐリベットを、機械ではなくハンマーを振るって打ち込んだのである。石川島の職工たちがどれほど努力したか、どれだけ時間を要したか、その困難さは想像に余りある。

軍艦の建造には、職工の努力や技術の向上のほか、最良の材料と最新の機械の導入も必要となってくる。「鳥海」建造のための鉄板や加工機械類をイギリスに発注したところ、輸送していた船が地中海のマルタ島近くで遭難沈没するという事件が起こった。富二は、やむをえず工期の延期願を提出し、契約代価の増額を願い出なければならなかった。そのうえ、富二が片腕とも頼む技師長のアーチボルト・キングがコレラで急逝してしまった。明治十九年(一八八六)八月二十八日、三十六歳の若さであった。

軍艦「鳥海」進水式の展示模型（東京豊洲 IHI ビル imuse 展示）

キング技師長逝去の三カ月前の五月十日には、富二自身も脳溢血の発作で倒れている。幸い、しばらくの療養生活ののち復帰することができたものの、社運を賭けた軍艦「鳥海」の建造中でもあり、多方面に拡大した事業を富二ひとりの判断で指示・決定することが難しくなってきた。印刷・海運・土木と、それぞれの仕事は各担当者に任せなければならなくなった。

もうこの頃から、石川島造船所は平野富二の個人経営の企業ではなく、総合的な巨大な企業に変貌しつつあった。「鳥海」建造後、明治二十二年（一八八九）一月に、石川島は株式会社組織となった。

さまざまな困難に遭遇したが、闘病しな

がらの富二の頑張りと石川島全職員の努力はもちろん、海軍省の理解によって工期の延長や代価の増額等が認められた「鳥海」は、明治二十年（一八八七）八月二十一日、めでたく進水式を成功させた。翌二十一年十二月七日には品川沖で試運転を終了し、無事に海軍に引き渡されることとなった。

ちなみに、「鳥海」の概要は『石川島技報』によると、つぎのとおりである。

（艦　　質）	鉄　製
（船　　種）	砲　艦
（垂直線間長）	四十七米
（最　大　幅）	八・二米
（喫　水　前）	二・六五米
（喫　水　後）	三・二五米
平均	二・九五米
（排　水　量）	六二四噸
（装　帆　種）	スクーナル

（装　　砲）二十一センチ　クルップ砲　一門
十二センチ　クルップ砲　一門
一センチ　ノルデンフェルト砲　二門
（実　馬　力）七百
（機関種類）直動聯成横置汽角
（推　進　器）双螺旋
（鑵　形、数）円形　二個
（貯　水　量）九噸
（貯　炭　量）六十八噸

ついでに「愛宕」「鳥海」「麻耶」の三姉妹艦について、造船所と工期、建造費等を比べてみよう。

（艦名）（造船所）（起工年月）（進水年月）（竣工年月）（建造費）
愛宕：横須賀　十七年十二月　二十年六月　二十二年三月　二九八、四五七円

鳥海：石川島　十八年三月　二十年八月　二十一年十二月　二一四、七二〇円
麻耶：小野浜　十八年九月　十九年八月　二十一年一月　二六二、四九二円

この軍艦「鳥海」建造によって、石川島造船所の信用と名声は高まり、これからの大企業への道が開けることになった。

兵庫造船所払下げ競争での敗北

明治も十年代になると、文明開化の近代産業を官営で育成する方針を転換し、不採算工場は順次払下げをして民間で育成するようになった。ただし当初、富二が石川島や横浜製鉄所を貸与されたころは、政府の方針はまだ定まっておらず、厳しい条件が付けられて富二たちは苦労したものであった。

明治十七年（一八八四）になると、政府は官営事業のなかでもっとも投資額が大きかった長崎造船局の設備いっさいを、かねてから新政府と密着していた郵便蒸気船三菱会社に無競争で貸し下げ、さらに二十年には払下げしてしまった。つまり、全国の官営工場が民間に払い下げられるということになり、民間業者は色めきたった。

明治期の三菱造船所

明治十九年（一八八六）には官営兵庫造船所も払い下げられることになり、希望する業者が二社現れた。平野富二の石川島造船所と、川崎正蔵の築地川崎造船所であった。川崎は二月十八日付で、富二は三月二日付で兵庫造船所拝借願いを提出している。主管していた農商務省では、両社が合併して兵庫造船局を運営するよう働きかけたが合意に至らず、両者の実績を審査することになった。

拝借願書と資料は膨大なものがあるが、かいつまんで紹介すると、富二の願書の趣旨は以下のとおりである。

明治九年に石川島造船所を拝借して以

来、困難のなかで体験を積み改良を測った結果、事業も大いに進歩した。昨年、海軍省から一等砲艦と水雷蒸気船の建造を下命され、ますます世間の信用を得て、事業は盛大になった。ついては、農商務省所轄の兵庫造船局も石川島造船所と同様に相応の拝借料で貸下げいただきたい。
資本金十万円、国（官）からの保護拝借はない
石川島で造った船は、風帆船　十三艘（二千九百十九トン）
蒸気船　四十一艘（二千四百七十八トン）
（ほか、富二の詳しい履歴）

いっぽうで、川崎正蔵の願書はこうである。

西洋形造船所を東京築地と兵庫東出町に設立して八年間の経験がある。今後、蒸気船時代がくるので、それに対応するため船渠を備え機械を据え付け、技術者を揃えなければならないが、民間の力では十分に出来ない。従って、兵庫造船局を貸下げていただければ、国家の為に尽くすことができる。

資本金十万円、中七萬五千円は国からの拝借金
築地と兵庫で造った船　（※意味不明なのでそのまま記す）
風帆船　自四十トン至六百二十七トン　五十艘（八千百十五トン）
（川崎正蔵の履歴なし）

農商務省は、この両者願書を比較してもまったく優劣がつかないため、先願の川崎造船所に払い下げるということに決定した。しかも、川崎造船所は蒸気船建造の経験がないことから、政府の技術者をしばらく貸して技術指導もおこなったという。これが今日の大企業「川崎重工業」となった。正蔵は、自分の後継社長に政府の大物薩摩閥の松方正義の息子幸次郎を迎えた。

兵庫造船所は石川島に必ず払い下げられると信じていた富二は激怒し、これが脳溢血の引き金になったのではといわれている。

第七章

全力疾走の生涯

東京石川島造船所発足

明治十九年（一八八六）五月に脳溢血を発症して以来、富二は回復と再発を繰り返していたが、軍艦「鳥海」を引き渡した明治二十一年（一八八八）の末ごろにはほぼ回復していた。

しかし、いつまでも平野の個人経営の会社では将来の発展は見込めない。「株式会社組織に経営を移行させるべきだ」という渋沢栄一のかねてからの持論に富二も同意して、明治二十二年（一八八九）一月から資本金十七万七千五百円の「有限責任東京石川島造船所」として発足することになった。

発行された株は千七百五十株で、一株は百円、発起人は四分の一以上の株を所有することとし、残りの株は公募するということにした。発足時の株主の名簿は現存していないので明らかではないが、三年後の明治二十五年（一八九二）一月当時の株主と持ち株数はつぎのようになっている。

（株主氏名）	（持ち株数）	（株主氏名）	（持ち株数）
渋沢　栄一	四百	平野　富二	三百八十九

松田源五郎	二百七十	田中　永昌	二百五十
西園寺公成	百五十	梅浦　精一	百三十
岩田　平作	三十二	重村　直一	三十
島谷　道弘	二十	片山新三郎	二十
桑村硯三郎	十二	森田利兵衛	十二
池田賢太郎	十	品川　ヒデ	十
石橋　政方	七	進　経太	八

梅浦精一までは、以前から匿名組合を作って出資していた人たちである。松田源五郎は長崎の十八銀行を創設した長崎財界の大立者で、富二と長崎の繋がりのうえで注目される。持ち株三十以下の人々は、富二と繋がりが深かった人たちではないかと考えられる。

明治二十一年に平野土木組が解散したときに支配人であった今木七十郎が「平野富二追憶懇談会」でこう話している。

「私はいままで働いて石川島の株を三千円（三十株）持っている。これは杉村や片山も皆持っている。私も先生（富二）からいただいたものだが、それも返上します。また、土木組のぶんも返上しますから、どうか綺麗に私にお暇をいただきたい」

片山というのは株主の片山新三郎のことであろう。杉村の名前は二十五年の株主名簿にはないので、それ以前に株を手放したのかもしれない。

品川ヒデという女性の名前が出ている理由はわからないが、本木昌造の親友で、富二とも縁が深かった品川藤十郎（東十郎とも）となんらかの関係があったのであろうか。

有限責任東京石川島造船所に衣替えしてから、富二の負担は大幅に軽減された。業務を渋沢栄一、平野富二、梅浦精一の三名が委員として担当し、富二が常務委員となった。支配人兼所長代理（翌年から所長）として進経太を迎えた。

新会社は造船と機関の二部制ではじめた。

造船部門では軍艦「鳥海」を建造して大いに評価を高めたが、期待はずれだったのは、海軍からの軍艦の発注が急減してしまったことである。これは当時海軍が、鎮守府のある横須賀造船所に艦船の製造を集中する方針に変更したことによるもので、「第四震天」（二百一・八トン）、北海道庁注文の「上川丸」（七十一・二トン）などを建造しただけであった。造船部門の比重は少なくなったとはいえ、民間からの船舶の発注はあ

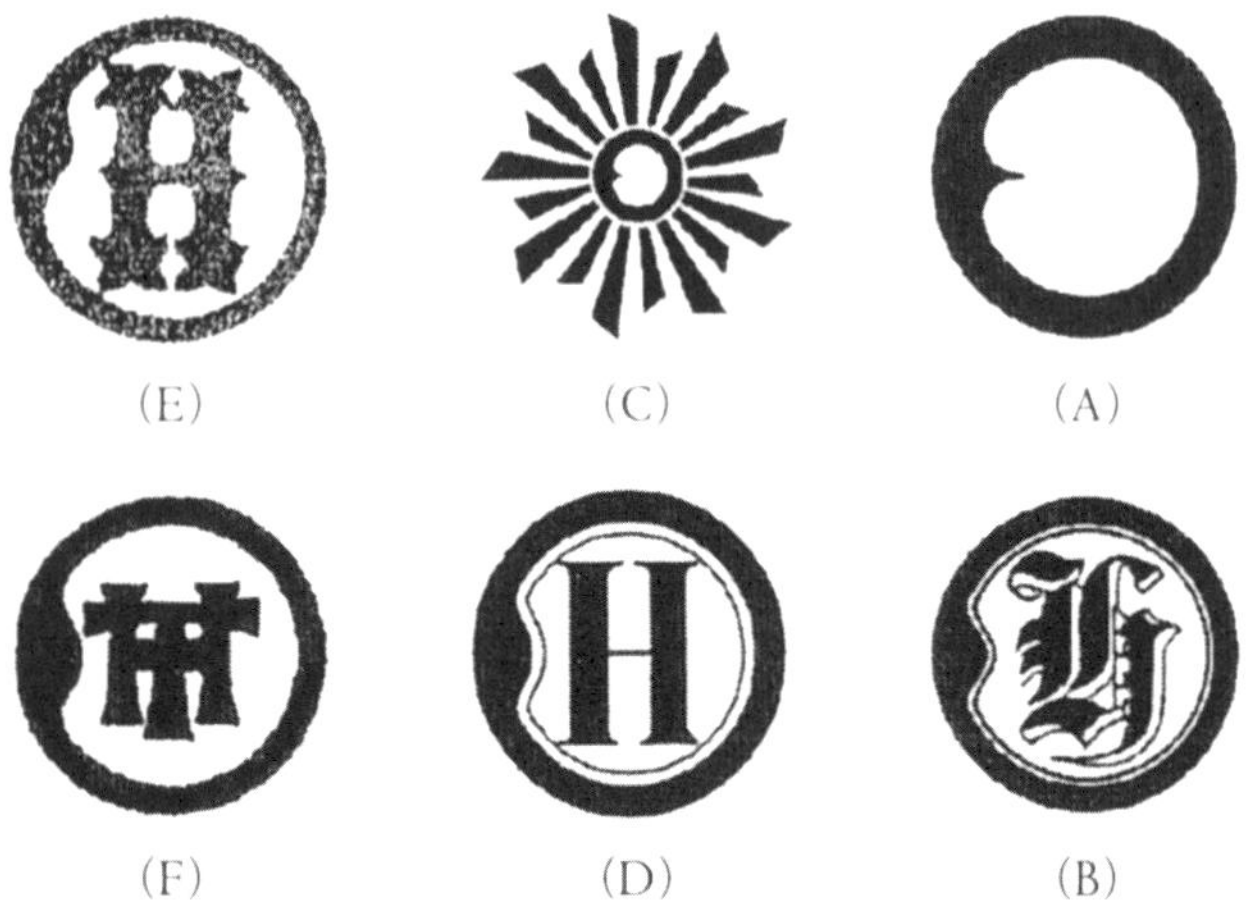

A 本木昌造の個人紋章、B 築地活版所社標、C 大坂活版製造所登録商標、
D「通快丸」旗章、E 東京石川島平野造船所商標

り、製造や修理などはつづいた。

活況を呈したのは機械部門で、鉱山用機械、紡績用ボイラー、橋梁の建設など、今日のＩＨＩの基礎となるものであった。

東京築地活版印刷所のその後

富二は、明治二十一年（一八八八）に東京平野土木組を廃業してから、翌二十二年一月には有限責任東京石川島造船所に改組し、六月には東京築地活版製造所の社長を辞任し、本木昌造の嫡子の小太郎を社長心得とした。

ところが小太郎は不肖の息子であったようで、一年も経たない明治二十三年

（一八九〇）一月には辞任した。あるいは辞任させられたのかもしれない。後任には、製造所の支配人として長いあいだ富二を支えてきた曲田成《まがたしげる》が社長に就任した。

築地活版製造所は、社長の曲田成が明治二十七年（一八九四）に急死し、急きょ長崎出身者の出世頭ともいえる名村泰蔵を社長に迎えた。つぎの野村宗十郎も長崎出身で、彼の指導で活版製造所は、明治から昭和にかけて印刷業界における大手として君臨するも、時代の流れに逆らうことができず、昭和十三年（一九三八）松田社長の代に解散に至った。

東京湾汽船会社の創立

富二が、蒸気船の販路を拡大するための宣伝の意味もこめて「通快丸」という三十四トンの外車蒸気船を自主建造し、東京と浦賀・館山間の運航を開始したのは明治十二年（一八七九）であった。この東京湾内定期便の運航は、追随する業者が出てきたこともあり、明治十四年（一八八一）に各業者を統合して東京湾内安全会社を設立した。

こうして造船会社の宣伝と受注、便利で安全な交通機関という、海運業者としての二兎を追って成功したのである。

明治十八年（一八八五）には東京・横須賀間にも航路を開き、東京平野汽船組合を設立した。明治二十二年（一八八九）にはさらにこれらの汽船会社を統合し、有限責任東京湾汽船会社となった。当初の営業航路は、東京～横須賀、東京～三崎、東京～木更津、東京～千葉、東京～館山、使用する汽船は二十一艘であった。社長には元日本郵船支配人の前田清照が就任し、富二は取締役のひとりとなった。

なお、翌明治二十三年（一八九〇）には「東京湾汽船株式会社」と名称を変更し、社長は石川島造船所の梅浦精一が就任した。その後も発展をつづけ、今日では伊豆七島まで航路を伸ばし、東海汽船株式会社となっている。

こうして富二が倒れたころより個人事業から会社組織へと変わっていき、富二の負担も少なくなった。

各地に広がる富二の事業

ところが、少しずつ小康を取り戻していくにつれ、富二はじっとしてはいられなくなった。周囲には彼の力を必要とする人々がいた。結局、事業を整理しても相談事が持ち込まれ、富二の性格からして黙っていることはできず、そのなすべきことを見極めると、ことの成否を度外視して行動したものだった。

ここでは、事業家としての富二の足跡を初期のころより辿ってみることにする。

1 新潟での造船と海運業

明治十三年（一八八〇）は、前年に借用した横浜製作所を機械製造専門工場として稼働させ、石川島造船所の能力を飛躍的に発展させた年であった。

新潟は、幕末の通商条約によって明治元年（一八六八）に開港され、翌年には十八隻もの外国船が入港してきた。しかし、新潟港は信濃川の河口で水深も浅く、冬季には日本海の荒波が打ち付けるなど条件が悪く、政府にとって新潟の発展が課題となっていた。

記録によると「一八八〇年（明治十三年）六月平野富二氏は新潟にあそび、同地の有志とはかって、信濃川を通航するための安全丸二隻をあらたに造船することに着手した」とある。「新潟にあそぶ」とは言葉のあやで、今後の新潟の発展のためのアドバイスを求められて招聘されたのであろう。

富二は地元の有力者と相談し、信濃川を運航するための会社「安全社」を創設し、川蒸気船二艘を建造した。船体は現地で組立て建造し、機関は石川口製鉄所で製造したという。さらに、新潟税関が所有していたがほとんど活用されていなかった二隻の蒸気船「新潟丸」（五十トン）と「北越丸」（改造後五十三トン）を政府から借り受け、蒸気機関と船体を修理して開港場新潟と補助港の佐渡夷港（両津港）を結ぶ航路を、新潟の有力者たちとともに開設した。（『考察と補遺』『平野富二の生涯』より）

2 函館器械製造所設立

新潟の問題が解決していないなかで今度は九月に北海道へ出張した富二は、函館に地元の有力者とともに、函館器械製造所を設立した。このことについては『平野富二伝　考察と補遺』の原文をそのまま紹介する。

九月平野氏は社員曲田成と共に北海道に遊び、細かに同地の工業其の他を視察し、函館の有力者渡邊熊四郎外数名と謀り、同地に在る海軍省造船器械類を払下げ、函館器械製造所を設け、機械の製造造船修復の業を創む。（本機械は旧と金沢藩前田侯海外より購入せし所にて、能登七尾に備付けありしを、維新後海軍省にて函館に移せしを茲に至りて払下げたるとなり）十月下旬曲田成を同製作所に残し帰京す。

富二の早逝により函館との関わりは長くはなかったが、今日の函館ドックの前身、函館器械製作所の設立にあたっては、技術面を中心に大きく貢献したのである。

3　鉄橋の建造（都橋・大江橋・吾妻橋・お茶の水橋）

富二が初めて鉄橋を造ったのは、明治十五年（一八八二）の横浜の都橋であった。横浜では、吉田橋（明治二年架橋　長さ約二十三・六メートル、巾約九・一メートル、工費七千円）が最初の鉄橋で、都橋は二番目の鉄橋である。長さは約二十・三メートル、巾約五・四メートル、出来栄えがよいと評判であった。設計は神奈川県がおこない、石川口製鉄所が製作した。工費は不詳である。

つづいて明治十八年（一八八五）には、横浜停車場前の大岡川に鉄製桁橋の大江橋を架橋した。長さ約五十・四メートル、巾約八・一メートルであった。

首都東京での初めての近代的鉄製桁橋は、明治二十年（一八八七）に完成した吾妻

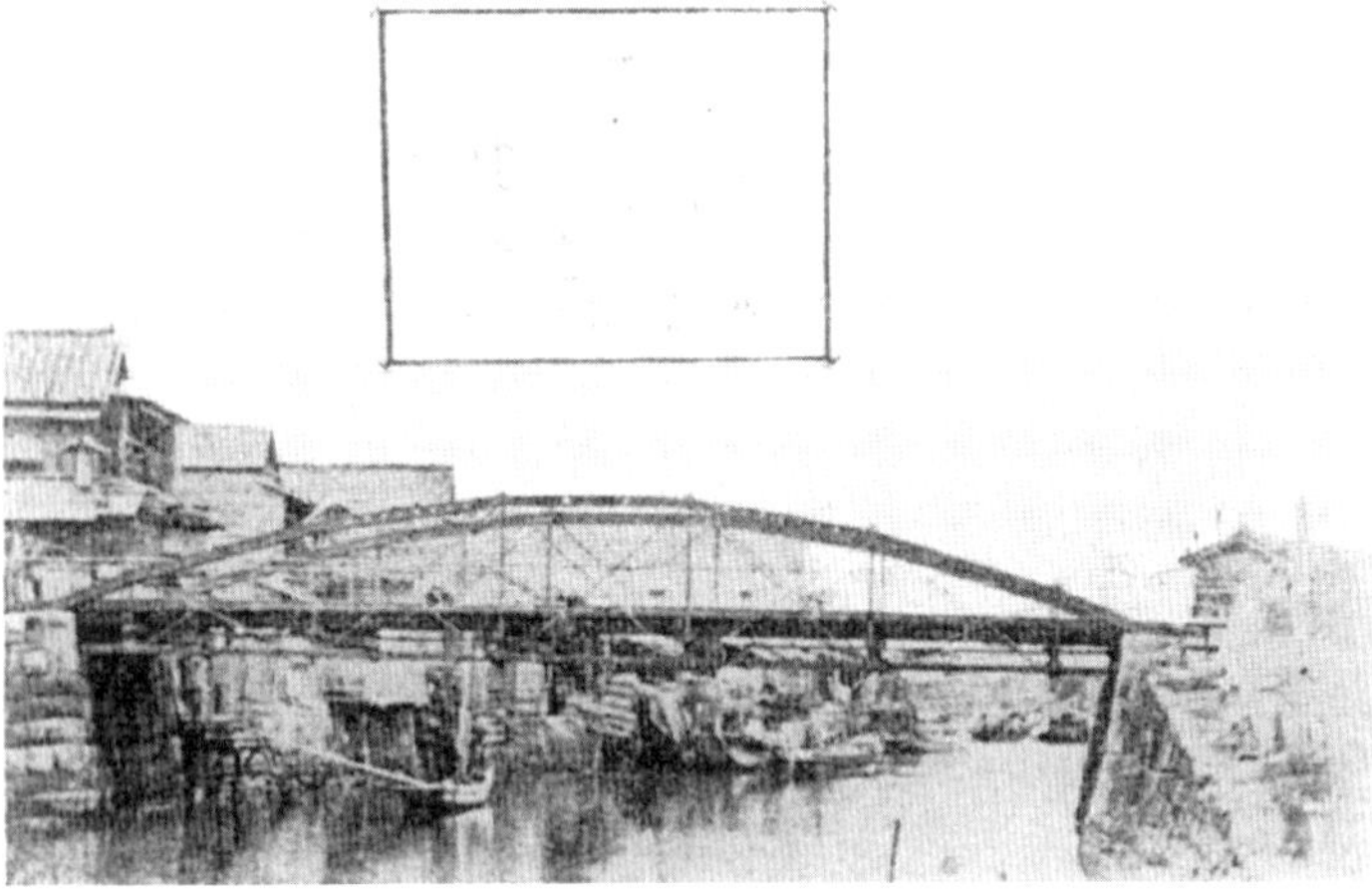

都橋（『石川島技報』15号より）

橋であった。これまで東京隅田川に架けられていた橋は、上流から千手大橋、吾妻橋、厩橋（明治七年架橋）、両国橋、新大橋、永代橋の木造橋であった。

明治十八年夏の大雨で隅田川が氾濫し、まず千手大橋が流され、それが吾妻橋にぶつかって崩壊した。吾妻橋は車馬の往来が多く、一刻も早い復元が求められ、どのような災害にもびくともしない堅牢な鉄製大橋とすることになった。

橋の全長は百四十八メートルの三連橋で、巾は十二・五メートル。「橋上全面に人馬群集し又多数の大砲等を運搬するも差支えないこと」が要求された。工事予算は十六万八千円ほどで、石川島造船所には

吾妻橋（『明治大正図』第二刊より）

二万九百八十七円五十二銭で鉄桁製作工事を請け負わせることになった。着工は明治十九年（一八八六）十二月で、明治二十年十二月九日に開橋式がおこなわれた。

じつはこのとき富二は病の床にあり、軍艦「鳥海」も建造中、石川島造船所にとって身の丈を超えた工事だといわれたが、全職員の奮闘努力もあり、無事にやり終えることができたのである。

石川島の鉄橋造りは、お茶の水橋の鉄部製作と組み立てを請け負って明治二十四年（一八九一）十月十四日竣工した。全長六十九・二二メートル、巾十一・五二メートル、橋の高さは約十五メートルあった。

厩橋の開通は、富二没後の明治二十六年

（一八九三）五月六日、長さは八十六間一尺、工費は七万九円余りである。石川島では鉄部の製作と組立であった。

4 富二が関わった様々な事業

富二は、明治二十五年（一八九二）十二月三日水道鉄管の国産化問題で演説中に倒れて死去するまで、周りの人々の願いに応じてさまざまな事業に関わり、結果的には寿命を縮めていった。事業を箇条書き的にまとめてみるとつぎのようになる。

・明治二十年（一八八七）「甲信鉄道会社創立請願書」の発起人のひとり
　当時建設中の東海道線に松本・諏訪・甲府を経て御殿場で繋ぐ鉄道である。
・明治二十三年（一八九〇）　琵琶湖疎水による水力発電
　疎水の水を水力発電に利用することを提案し、蹴上水力発電所にペルトン水車を設置し、電気を京都に供給する。（水力事業の先覚者）
・明治二十三年　浅草凌雲閣十二階建に昇降器械（エレベータ）を設置
　日本で最初の電動式エレベータとされ、新築当初は「文明開化の魁《さきがけ》」として非常に人気をよび、多くの人々が詰めかけたが明治二十四年に安全上の理由から警視庁の指示で運転禁止となった。大正三年（一九一四）に運転が再開されたが、大正十二年（一九二三）の関東大震災で災害を受け、やがて爆破撤去された。

（『考察と補遺』）

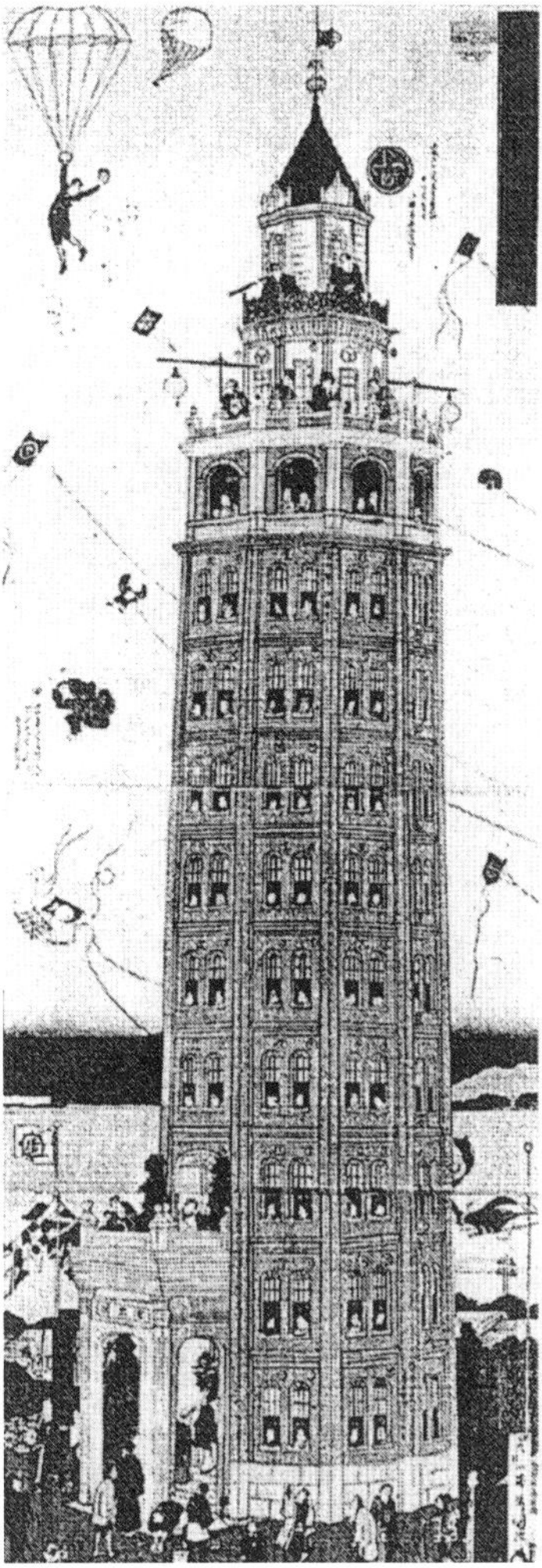

浅草十二階凌雲閣の錦絵
（『東京市史稿』四代目市寿斎国政
「浅草公園凌雲閣登覧寿語六」より）

東京の水道の近代化を目指して

明治二十二年（一八八九）二月一日に大日本帝国憲法が発布され、第一回衆議院議員総選挙がおこなわれた。富二も立候補した。選挙区は第三区（京橋区）、三百三十一人の選挙資格者がいて八名が立候補した。富二の得票数は八票で、落選であった。

富二がどのような意図をもって立候補したのかわからないが、政府に対して批判するところがあったようである。平野家には富二の演説要約草稿が残されていたというが、現在では不鮮明な写真版でしか見ることができない。

・共同運輸会社を設立して、三菱会社を合併したる事

・監獄署にて人民に競争する工業をする事

など、具体的なことが書き連ねられており、政府の官業による無駄遣いと民業圧迫、藩閥政治家による特定政商への優遇などを批判しているようである。

東京の水道は、明治時代になっても依然として江戸時代の玉川用水と神田川用水によって賄われていた。明治の初めに来日して大森貝塚を発見して有名であったイギリス人モースは、東京の水道を見て、その著書『日本のすまい』にこう述べている。

都市にある水道管は木でできている。それは厚い管、もしくは丸い木のパイプの形をしている。このような多数の水道管は、あちこちにある蓋のない井戸で交差しており、その中で水は常水位を保って、溢れ出ないのが普通である。このような井戸は、特定の空き地や大通りにある。人々はそこにきて水を汲むだけでなく、簡単な洗いものもする。

倉田水桶の木管
（『長崎市水道九十年の歩み』より）

これらの水道管は、長崎における倉田水樋をしのばせるような構造であったと思われる。これではいくら注意していても病原菌の侵入は免れず、東京でも長崎同様しばしばコレラや赤痢が大流行した。

開港都市横浜では、いち早く上水道の敷設に乗り出し、明治二十年（一八八七）には野毛山浄水場から一般家庭への給水がはじまった。日本最初の近代的上水道である。富二は、明治十九年（一八八六）に平野土木組を率いて、輸入した水道管（鉄管）の陸揚げを請け負っている。

やがて首都東京でも近代的上水道建設の声があがり、明治二十三年（一八九〇）に東京市会では六百五十万円の巨費を投じて水道改良をおこなうことを決定した。

水道管問題

このときに大きな問題となったのは、四万五千トンあまりの水道管（鋳鉄製）をどのようにして調達するかということであった。

富二は、日本の産業を育成するという立場から、水道管は当然国産にすべきという立場であった。しかし日本の国力はそこまであがっておらず、輸入したほうが安価で、丈夫で安全であるという意見も強かった。富二の恩人である渋沢栄一は、国産にするのはもっともだが、技術力が向上するまでは輸入品に頼ったほうがいいのではないかという意見であった。

この水道問題に富二がどうしても出ていかねばならなくなった事情について、富二

の後継者である進経太は、平野富二追憶懇談会でつぎのように語っている

東京市の水道ということについては、明治二十年頃から、大分、人が着目するようになって、それに就いては、水道に使う鉄管は是非内地製の物を用いたいという説がだんだん起こってきた。而して、その前から東京に東京鉄工組合と云うものが起こっていた。これは鉄工業に従事する者の組合で、石川島造船所あたりが、その主宰者のようなものであった。すなわち、平野さんなどは最も有力者の一人であった。

ところが、ちょうどその当時、だんだん健康が良くなく成って、先生はこの鉄管問題に携わることは余程控えておいでになったが、明治二十五年になって、いよいよ鉄管問題が白熱化して来て、いわゆる輸入品と。それから内地製と云う二流が出来たのであります。

渋沢子爵などは、その当時、輸入派の最も有力者と認められて、そうして、壮士が江戸橋か何処かで、先生の乗って居られた馬の脚を切って、暗殺を企てると云うまでになったかどうかは知りませんが、甚だ危険な状態になってきました。

それで、どうしても平野さんが内地製作派の方へ顔を出さなければならないことになって来て、ちょいちょいその会合に出席されて居ました。そこで、その内地製と云うことは、とうとうしまいに内地製は勝利を得たが、日本に初めての工業であるのであるから、技師の方でも世界の製造仕様書を集めて、その枠を抜いて、最も厳格なる仕様書を造った結果、日本鋳造会社なるものがその目的に向かって百円の地所を以て月島に工場を設けて、そうして、その東京市から請負ってやることになったが、製品が合格しない為に、とうとう、その会社も破産してしまった。のみならず、疑獄などが起って来た。その時の平野さんの苦心というものは随分大変なものであったろうと思われる。

（『考察と補遺』）

駆け抜けた四十七年の生涯

体調が思わしくないなかに奔走した東京水道の水道管問題は、富二の本当の命取りになってしまった。

明治二十五年（一八九二）十二月四日の萬朝報に「平野富二氏逝く」と題して、その死去を報じている。

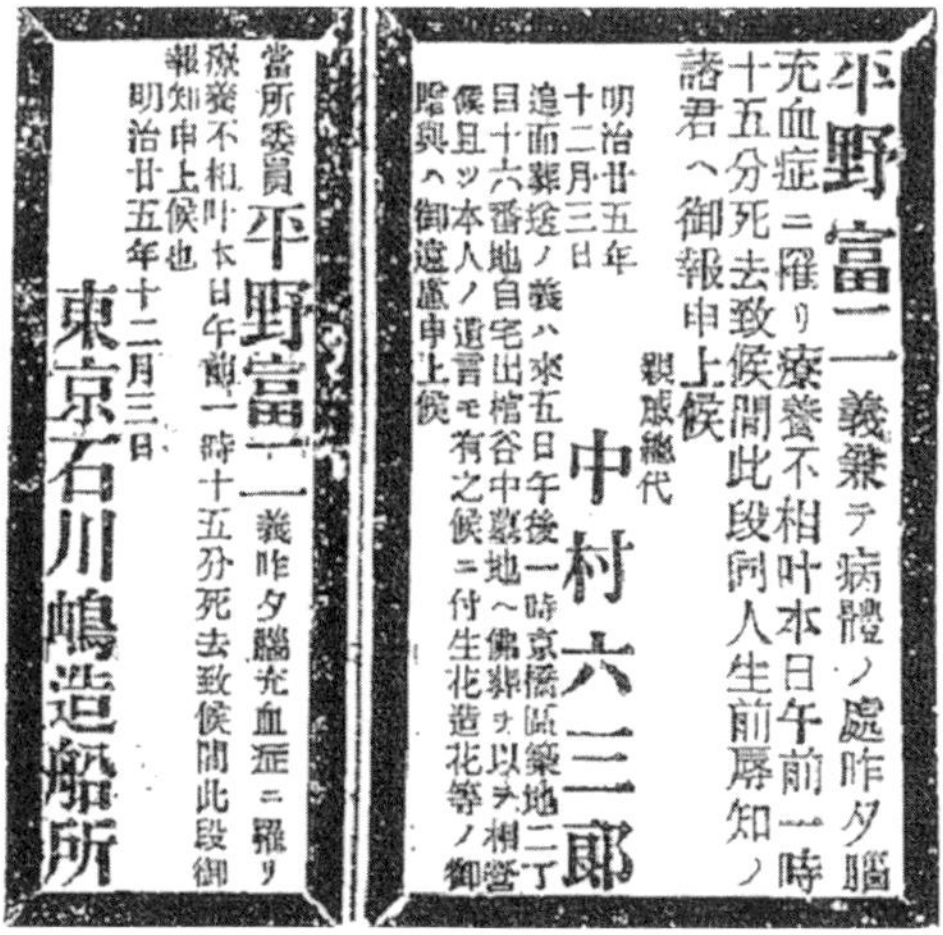
平野富二義兼テ病體ノ處昨夕腦
充血症ニ罹リ療養不相叶本日午前一時
十五分死去致候間此段同人生前辱知ノ
諸君ヘ御報申上候
明治廿五年
十二月三日
親戚總代
中村六三郎
追而葬送ノ義ハ來五日午後一時京橋區築地二丁
目十六番地自宅出棺谷中墓地ヘ佛葬ヲ以テ相營
候且ツ本人ノ遺言モ有之候ニ付生花造花等ノ御
贈與ヘ御遠慮申上候

當所委員平野富二義昨夕腦充血症ニ罹リ
療養不相叶本日午前一時十五分死去致候間此段御
報知申上候也
明治廿五年十二月三日
東京石川嶋造船所

平野富二の死亡広告（『時事新報』明治25年12月4日）

石川島造船所創立者、日本活版事業の先導者として商業界に有名なる平野富二氏は一昨日　田中久重、広部正三等の諸氏と小船町田口亭に集会し彼の水道鉄管工事に付き熱心演述せしに卒然脳痛を発して其坐に倒れ帰宅後間もなく死去したり　氏は数年来脳痛を発し心思過労は常に医師の戒むる所なりしも　今回の鉄管工事に就いては氏の性として黙過する能はず予め之が為に斃《たお》るゝあらんとは自ら語り居れりと

黒岩涙香による追悼文（十二月六日の萬朝報の追悼記事）

先輩平野富二氏を悼む　　火舟漁夫

余は平野君に於ける実に一面の識なきなり、亦深く其平生を知らず、唯だ其事業に

現れたる所を見て君が大有為の士たるを知る、交通の利益たる活版活字の事業君に負ふこと多し、文明の大元素たる鋳鉄の業亦君に負ふこと多し、君の期する所、遥かに俗流実業者の上に在り、眼を高遠に注ぎて志は則ち堅忍不抜、維新以後の実業世界に極めて稀に見る所なり

然れども余が最も敬服する所は、君が滔々たる実業家官辺に縁故を求むるの中に立ち自個単独の努力あるを信じて官辺の縁故を羨まず　赤手空拳独立孤行　能く我国文明の一恩人たるを得たるに在り、君は実に名奔利走場裡の奇傑にして君の事業は今日の無気力時代の一偉観なり、其性行総て懦夫頑門の金針たるに足る、業に従う数十年歓をなす幾時も無くして終に営々役々の中に卒す悼まざる可けんや、然かれども君去るも猶ほ君の辛苦経営せし鋳字鋳鉄の事業は永く我国の文明に伴ひて君の名と共に不朽ならん　君以て瞑するに足る

萬朝報の社主である黒岩涙香（周六）は「火舟漁夫」の号をもって、平野富二の死を悼んでいる。涙香は富二のことはよく知らないとしながら、その日ごろのおこないをよくとらえ、事業と人柄を高く評価している。

明治時代の数多くの偉人といわれる人物のなかで、富二ほど独立独歩、名誉や利益に恬淡《てんたん》であった人物を、私は知らない。ただひたすらに日本の近代産業の発展を願い、四十七年の人生を颶風《ぐふう》のように走り抜けたのであった。颶風のあとにはなにも残ることはないが、富二が走り抜けたあとには、さまざまな近代産業が芽生えたのである。

第八章

富二と家族

恐妻家だった富二

富二が亡くなったあとに遺された家族は、妻の駒《こま》（四十一歳）、次女津類《つる》（十七歳）、三女幾《き》み（きみ、十二歳）であった。

母の美禰《みね》（峯子とも）は七十歳で、東京の富二の家に世話になっていた。兄の矢次温威（初めは和一郎、次に重之助、重平となる）は、父豊三郎の跡を継いで町司となっていたが、明治になってからは振遠隊士として戊辰戦争で奥州各地を転戦した。明治五年（一八七二）に振遠隊が廃止となると、その後はさしたる定職もなく、生活は困窮していたようである。

弟の富二が東京に出て活版印刷で成功を収めると、明治九年（一八七六）に東京の富二宅に移転し、石川島造船所で働くようになった。このとき美禰ともども、一家そろって平野家の世話になったようである。一時は徒弟寄宿舎の監督を務めたが、造船所でも厳しい仕事に耐えることができず、長つづきはしなかったようである。富二が闘病生活にはいっていた明治二十一年（一八八七）ころから、温威の消息ははっきりしていない。

いっぽう美禰は、富二の没後は故郷長崎に帰ってひとり暮らしていた。富二の七回

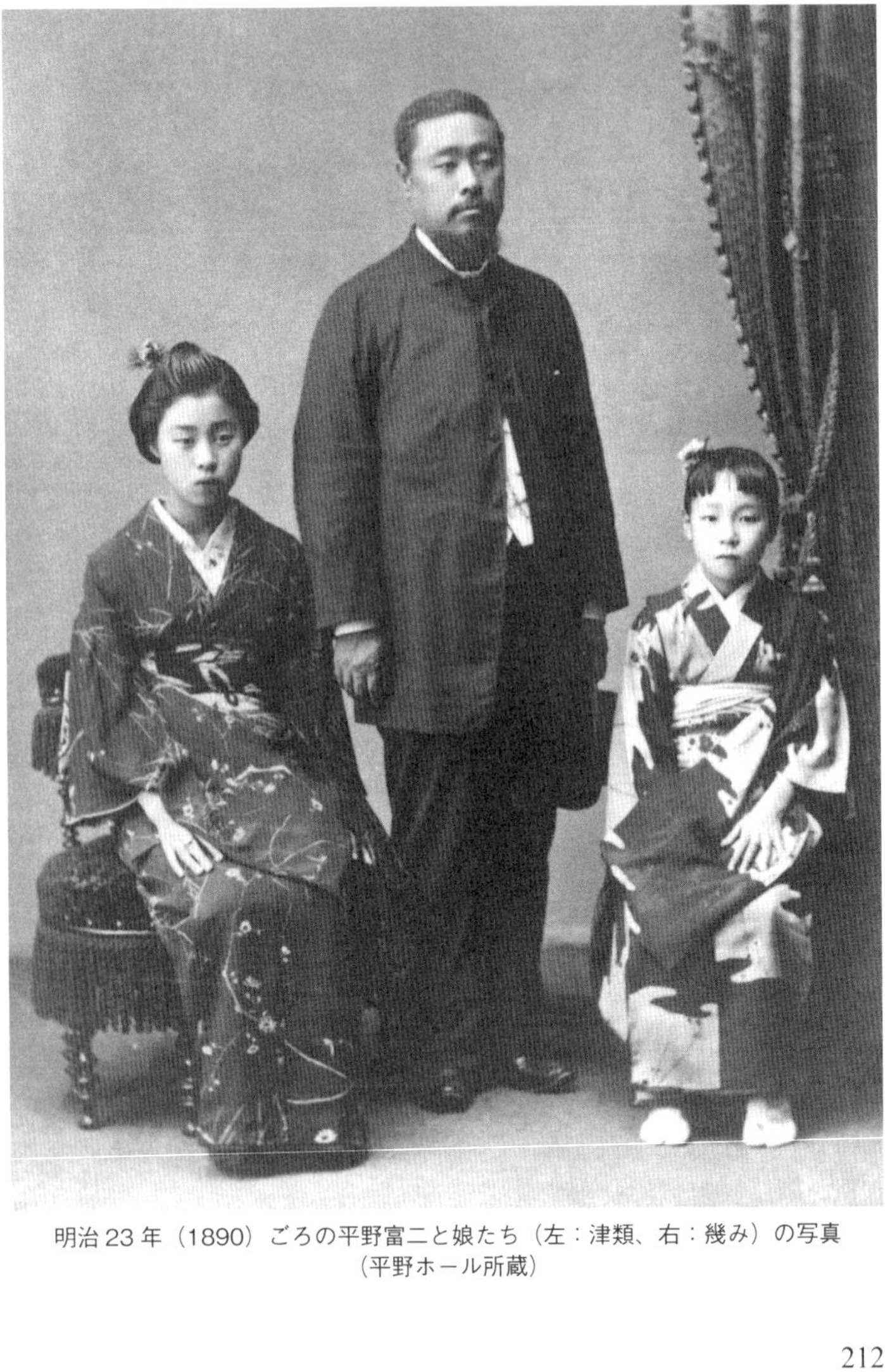

明治23年（1890）ごろの平野富二と娘たち（左：津類、右：幾み）の写真
（平野ホール所蔵）

忌を迎えた明治三十一年（一八九八）に息子富二の記念碑建立を思い立ち、矢次家の菩提寺である長崎禅林寺の矢次家墓地に「平野富二碑」を建立した。十二月三日のことである。美禰は、碑を建立した三カ月後の明治三十二年（一八九九）三月十五日に七十七歳で亡くなった。

妻の駒は気丈な女性だったと伝えられているが、夫は結婚以来ほとんど家庭を顧みず、仕事に熱中していた。ひとりで家庭を守り、忙しい仕事の手助けもし、そのうえ子どもの世話もしなければならなかった。並の女性だったら、こんな夫には付いていけなかったであろう。

後年の駒夫人の写真（平野家所蔵）

駒は富二の行動・決意・気持ちなどをよく理解していた。富二も妻をよく愛し、顔を見ないと寂しがり、とくに病に伏せてからは、いつも駒の姿を探していたという。富二の師、本木昌造は艶福家として知られ、昌造の身の回りには、いつも女性の姿があった。それに対し、富二には駒以外にまったく女性の姿が見あたらない。こよなく妻を愛し、ふたりの娘を可愛がった。

駒は富二よりも十九年長生きし、明治四十四年(一九一一)五十九歳で亡くなった。駒の気性の激しさを彷彿《ほうふつ》とさせるエピソードが残っている。次女(長女の古登が幼くして亡くなっていたので跡継ぎ)の津類に婿養子を迎えたが、アメリカ帰りの建築家の平野(旧姓・堺)勇造を気に入らず、ふたりの子どもを儲けながら、無理に離縁させてしまったという。

富二にとって孫にあたるその子どもは平野義太郎といい、のちに有名な法学者になった。この義太郎が平野家を継いでいくことになるが、富二の伝記に何かと影響することになる。

三女の幾みは、祖母の美禰とともに平野富二碑の建立に係わり、長崎で有名な文化人、西道仙の撰文を美しい文字で書き記している。当時十二歳であった。のちに漢学者で新聞記者の山口正一郎と結婚している。

富二研究と平野義太郎

ふるさと長崎ではほとんど知られることのなくなった平野富二であるが、驚くこと

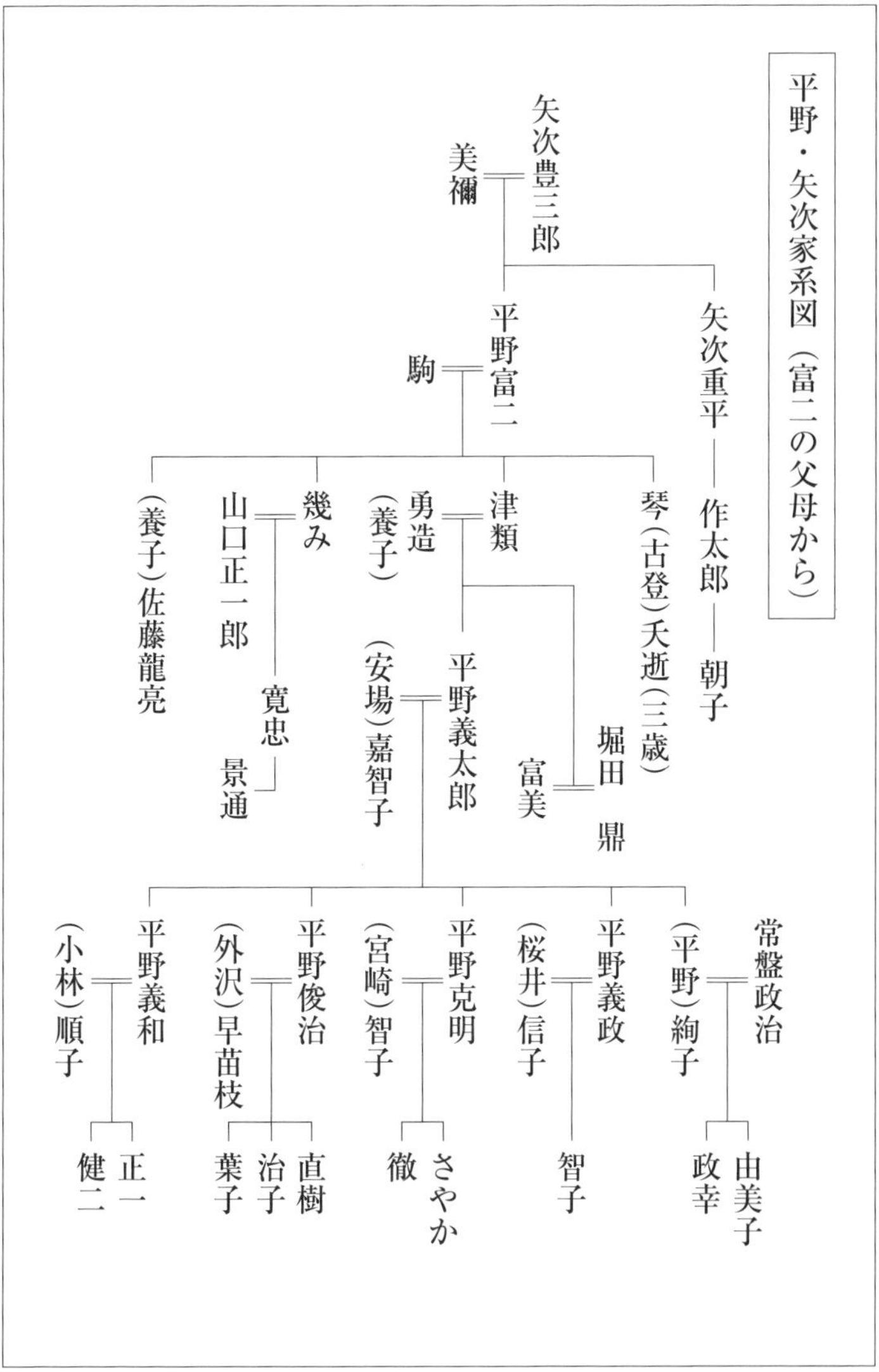
平野・矢次家系図（富二の父母から）
矢次豊三郎
美禰
矢次重平
作太郎
朝子
平野富二
駒
琴（古登）夭逝（三歳）
津類
勇造（養子）
堀田鼎
富美
平野義太郎
（安場）嘉智子
幾み
山口正一郎
寛忠
景通
（養子）佐藤龍亮
常盤政治
（平野）絢子
由美子
政幸
平野義政
（桜井）信子
智子
平野克明
（宮崎）智子
さやか
徹
平野俊治
（外沢）早苗枝
直樹
治子
葉子
平野義和
（小林）順子
正一
健二

平野富二の墓（東京都台東区谷中霊園）

に、東京ではずいぶんと研究が進んでいた。本書も、東京の株式会社朗文堂の片塩二朗氏の研究に拠っている。執筆にあたっては、片塩二朗著の『富二奔《はし》る』、古谷昌二編著の『平野富二伝　考察と補遺』、高松昇著の『平野富二の生涯　上・下』などを大いに参考にさせてもらった。筆力がない私にはこの方々の意とするところを十分の一も伝えることができないが、「平野富二は、とんでもない偉い人物だ」ということだけはわかっていただけたであろう。

富二を調べていくうちに少しずつわかってきたのは、富二が本木昌造に比べて意外なほど世に知られていない理由である。これは、片塩氏たちに指摘されてなるほどと思ったのであるが、明治から昭和の初期にかけて、平野富二に触れることはタブーであったらしいことだ。それは、孫の平野義太郎へ行きつくという。

いまどきの若者にとっては歴史上の話になっており、ほとんど知られていないと思うが、私のような世代の人間なら「平野義太郎」は有名人であった。平野義太郎は、日本平和委員会会長や中国研究会会長などを務め、戦後の我が国の世論をリードした法学者であった。さらに言葉を継ぐならば、「平和日本」を日本人の心に植え付けた人物として、平野義太郎は、その中央に位置した人物であった。

その偉大な平野義太郎の何に問題があったのだろうか。

平野義太郎は、明治三十年（一八九七）に、平野富二の次女で平野家の後継者津類の入り婿で、のちに離縁させられた平野勇造とのあいだに生まれた。

・大正七年（一九一八）東京帝国大学法学部に入学
・大正十二年（一九二三）東京帝国大学法学部助教授　安場嘉智子と結婚
・昭和五年（一九三〇）治安維持法による「共産党シンパ事件」で逮捕入獄、東京帝大助教授を免職
・昭和七年（一九三二）『日本資本主義発達史講座』を編集、岩波書店から発刊
・昭和十一年（一九三六）「コム・アカデミー事件」で逮捕

東大助教授就任時の平野義太郎

その後義太郎は八カ月にわたって留置取調べを受けている。彼の研究仲間であった野呂栄太郎は警察で拷問のすえ虐殺されるなど、社会主義者とされた多くの研究家や作家らが苛酷な取り調べを受け、ときに虐殺されることもあった。

このように皇国史観一辺倒であったこの時代で、義太郎は社会主義革命を論じる危険思想の持主として、つねに特高（特別警察）の監視下にあった。

二度も逮捕された平野義太郎が、虐殺されずに釈放されたのにはわけがあった。それは、嘉智子夫人の存在であった。夫人の出身は安場男爵家という名門で、祖父の保和は、福島県や福岡県などの県令・知事を務めたほか北海道長官としても実績をあげ、明治天皇の信頼も厚かった。叔父の後藤新平は台湾総督府、外務大臣、東京市長などの要職を務めた要人であった。このため、平野家の周りは厳しく監視されながらも、命に関わるほどの迫害は受けなかったといわれている。

第二次世界大戦後になると、平野義太郎は進歩的思想家として活躍し、日本学術会議、日本平和委員会、世界平和評議会、原水爆運動、ベトナム戦争反対運動などに関わった。

そうして戦前から戦後にかけて、日本人の知識人と呼ばれる人たちは「平野義太郎はとんでもない危険思想の持ち主だ」というトラウマに陥っていたのである。平野義太郎は当時のタブーであり、平野富二を研究すると嫡孫の義太郎に突き当たるということで、多くの研究者が敢えて富二に関わろうとしなかったのではないだろうか。

戦前の言論弾圧の恐ろしさはこのようなトラウマを生むほどで、今日でも国会等では治安維持法の亡霊が彷徨《さまよ》うことがある。現代に生きる私たちは、そのようなことを気にすることはない、いや、気にしてはいけないのではないか。

「平民」富二の没後の叙位

平野富二が世に知られなかった理由には、富二本人の問題もあった。

富二は、彼が活躍していた明治時代、日本でも指折りの大富豪であった。明治十九年（一八八六）の長者番付には、三菱の岩崎や三井は行司扱いの別格にしても、富二は、渋沢や五代・安田などとともに最上段に並び、富二は前頭九枚目に位置づけられており、年収は二百五十万円とある。現在の物価水準に換算すると、六百億円から千二百億円くらいと思われるとんでもない年収があった。しかし、それは富二の本意とするところではなく、日本の近代産業を発展させるために、さまざまな事業に取り組んだ結果得た収益である。本書では詳《つまび》らかにできなかったが、彼が挑戦した事業で莫大な損失をこうむったものもあった。

富二は、財を得るために時の権力者に取り入り、不当な利益を勝ちうることを好まなかった。その意味で、事業経営者としての適性に欠けるところがあったようにも思われる。

また、富二は名誉を得ることを極端に嫌った。己の能力、技量、実績は誰にも劣らないと自負していたが、それをひけらかすことはしなかった。

明治四年（一八七一）には先輩たちの不祥事の責任を取って、就任したばかりの（県営）長崎製鉄所頭取（長崎県権頭取）をあっさりと辞任している。「権大属」とは、長崎県のトップクラスの幹部であった。

翌年、結婚したばかりの富二は、士族としての資格がありながらも、戸籍にはあえて「平民」として届け出ている。明治時代には役人が幅を利かせていたが、官への道を絶って、平民として生きることにしたのである。

富二は、近代的機械や技術の発展に力を尽くして大きな実績をあげたが、周りから称賛されることには気恥ずかしさもあったのか、むしろ嫌う傾向があったようだ。

ある官界の有力者が、富二の部下に「平野さんに勲章をもらってやる。それには少し如才なくしろ」と告げた。富二はその部下に対して「『別段、あれは持ち前でございます』といっておいてくれ。なかなか忙しくもあるし、くださるものならいただいてもいいが、如才なく振る舞うのは嫌だ」といって、勲章をもらうのをやめてしまったという話がある。

部下の回想記にはこう記されている。

　平野先生と、福澤諭吉先生とは、初めから民間で仕事をし、みずから平民を以て、尊ぶべき天爵とされて居つたから、勲章の下付の内意があった際にも、辞された。福澤先生は勲章を辞して五万円貰われたから、そのほうが宜しかったかもしれないが、平野先生は、勲等も辞し、金ももらわれなかった。

富二の生前や死亡直後にも、周囲の人たちから叙勲の働きかけがあったが、家族も、富二が名誉などに恬淡《てんたん》としていることはよくわかっていた。富二が急死したとき、大隈重信が「三日は喪を秘してくれ、そのあいだに叙勲の手続きをするから」といったが、妻の駒は「夫は位などもともと嫌いな人でありますから、早く葬儀をしたほうがいい」と二日後に葬儀をしてしまった。

このように、富二は己の業績や功績を公に誇ることは嫌いであったし、何より恥ずかしいことなのであったのだろう。

結局、平野富二が追贈叙位されたのは、富二が亡くなってから二十六年後の大正七年（一九一八）のことであった。「我邦造船事業の先達」として故平野富二に「従五位」を贈られた。

富二の顕彰と顕彰碑

平野富二の葬儀は、明治二十五年（一八九二）十二月五日におこなわれた。葬儀の様子については新聞各社が報じているが、二紙の報道を紹介してみよう。

平野富二氏の葬儀　氏の遺骸は昨日午後一時自邸を出棺し、谷中（墓地）に埋葬せしが朝野の紳士多かりしも氏の遺言に依り造花等廃せしかば質素の中に奥ゆかしき所ありて却って一層愁傷の情を催さしめたり。

（時事新報　明治二十五年十二月六日）

平野富二氏の葬儀　昨日紙上に記したる築地活版所主平野富二氏の葬儀は昨日午后一時自宅より出棺し同三時頃順路谷中天王寺に着し直に儀式を執行したるが当日の会葬者は朝野の貴顕紳士を始め各活版所等の職員無慮八百余名にて生花は二十五対の多きに至り頗る盛儀なりしと云う。

（郵便報知新聞　明治二十五年十二月六日）

明治三十七年（一九〇四）、十二月の十三回忌にあたって、東京石川島造船所の職員と職工の有志が発起し千二百六十一名の賛助を得て「平野富二君碑」が建立された。谷中墓地の中央園路に面した霊園事務所の傍らにあり、その巨大さはみごとである。

この碑は、榎本武揚が篆額を記し、福地源一郎が撰文してみずから書いている。榎

榎本武揚篆額の平野富二君碑と平和に生きる権利の碑

本武揚の八文字の篆書は非常に難解で、これまで解読した人はいないのではないかと思われていた。片塩二朗氏の著書『富二奔る』では「活字と書物に身も心も捧げた人」というような意味ではないかと紹介している。

福地源一郎の文は非常に長いもので、内容はこれまで紹介してきた富二の伝記とほぼ同じものである。福地は桜痴の号で知られた人物で長崎出身、富二よりは先輩で本木昌造と同じく阿蘭陀通詞を務めていた。明治期には新聞人として活躍し、歌舞伎座を創設したことで知られている。福地桜痴は当時東京中の人気者で、富二のためにみずから撰文して文字を書したことは異例なことであり、桜痴の富二への惜別の思いを知ることができる。

ここで注目すべきは、平野富二君碑を明治三十七年に建碑するにあたっての事務報告である。碑の発起から募金、計画、施工、完成に至るまでの経過を報告したものが、「事務報告」である。三十七年の十一月二十七日の十三回忌の当日、式辞・事務報告・福地源一郎祝辞の全文が掲載された小冊子が配布された。

事務報告

抑々《そもそも》石川島造船所及築地活版所の祖先として夙《つと》に率先工業の発達に任じ国家に尠《すく》なからさる貢献を致せし故平野富二君の為に紀念碑建設の事を企てしは遠く明治二十六年即ち同君逝去の翌年なりき

当時其発企は造船所職員職工の一部にして其設計亦小規模に過ぎず　位置を谷中墓畔に定め敷地の買収を終りたる侭《まま》にて数年を経過せり　不肖道次造船所の局に当り具《つぶさ》に其情を顕わさんことを欲し築地活版所社員名村君とも謀り汎く各位の賛同を仰ぐに至りしは昨三十六年の十月なり

爾来　造船所及活版所の職員中若干を挙げて委員となし不肖委員長となり　両社の職員職工は勿論《もちろん》旧知及斯業者諸君の賛同せられし者無慮千弐百六拾壱名　其寄付金額弐千弐百七拾壱円六拾参銭五厘の多きを致せり　碑文及揮毫は福地源一郎君に篆額は榎本子爵に請い彫刻其他石工は之を酒井八右衛門氏に依託せり　碑石の高さ一丈五尺五寸厚八寸石質は仙台石　石垣周囲五十八尺にして花崗岩を用ふ敷地五坪七合五勺《じゃく》なり

寄付金の総額は前述の如く倍蓰《ばいし》（数倍）せるを以て総て充分なる設計を遂げ且茲に建立の式を挙け紀念の為め碑文の冊子を頒《わか》つに至れり

本会計の決算は未だ精細を告ぐるに至らざるも必要の諸支出を了りたるの結果は尚ほ金参百円の剰余を見る可に付き此剰余金の処分に関しては考案を尽せしも何分多数の寄贈者に対し割戻方容易の業にあらさるを以て或は活版所に於ける慈恵資金或は操船所に於ける富二慈恵会或は帝国義勇艦隊基金若くは陸海軍恤兵部献納金等の寄贈方法多しと雖《いえど》も寧《むし》ろ之を工業発達の資に供するが如きは寔に平野君の遺旨を紹き建碑の真意に適ふべきものなるを以て故平野富二紀念の為と云う名義を以て東京帝国大学工科大学奨学資金に寄付することに決せり　右報告す

明治三十七年十一月二十七日　故平野富二紀念碑建設委員長　平沢道次

このままでは理解できない部分もあると思われるので、もう少し簡略にして再掲しよう。

明治二十六年に石川島造船所の一部の職員工員が記念碑建立を計画したが、谷中の墓畔に敷地を購入したまま数年が過ぎた。平沢道次が石川島の社長となり、築地活版印刷所の社長名村泰蔵とともに各位の賛同を得たのは、明治三十六年十月のことであった。

両社の職員工員はもちろん旧知や同業各社の賛同を得て、一二六一名から二二七一円六三銭五厘の寄付金が集まった。碑文と揮毫は福地源一郎君に、篆額は榎本武揚に依頼し、彫刻は酒井八右衛門に依頼した。碑石は高さが四、五四メートル、巾一、六六七メートル、厚さ〇、二四二メートルである。石垣の周囲は一七、六メートル、花崗岩を使い、敷地は五坪七合五勺である。

記念碑の建立費用と諸費を除いた残余金三百三十円は、東大工科大学奨学資金として寄付することにした。以上のとおり報告する。

家族による追悼碑の建立

平野富二の記念碑はさらに二基ある。

一基は、もともとは長崎の禅林寺墓所の矢次家墓地跡にあったもので、矢次家墓地が無縁になったのち整理され、石塔の山に埋もれていた。それを平成十三年（二〇〇二）に平野富二の子孫である平野義和と正一父子が、墓地を探し回り、うず高く積まれた石碑類のあいだから発見したもので、平成十四年に平野家により東京に運ばれて富二

実母矢次美禰建立の平野富二碑（長崎市寺町矢次家墓所より後年東京移設）

の墓の傍らに据え付けられた。

これは先述のとおり、明治三十一年（一八九八）十二月に母親の矢次美禰が富二の七回忌にあたって建てたもので、撰文は当時長崎で高名だった文化人の西道仙《にしどうせん》に依頼した。書は、富二の三女で幾《き》み（君）であった。美禰は、この碑を建立してから三カ月ほど経った明治三十二年（一八九九）三月十五日に亡くなっている。道仙の撰文を美しい漢文で書いた幾みは、当時十七歳ほどであったと思われる。

この平野富二碑については、『長崎市史　名所旧跡編』の墓所及び墓碑銘の項に紹介されている。ただ、太平洋戦争中の混乱で、矢次家墓地が無縁となって取り払われ、行方がわからなくなっていた。幸いなことに、子孫の手で東京

嫡孫平野義太郎建立の
贈位記念碑
（東京都台東区谷中霊園）

に運ばれ、谷中の富二の墓地で見ることができるのは嬉しいことである。

もう一基は、嫡孫平野義太郎が建立した「贈従五位記念碑」である。大正七年（一九一八）に、故平野富二に対して「我邦造船事業の先達」として従五位が追贈された。富二が亡くなってから二十六年経っていた。祖父の贈位叙任を喜んだ平野富二唯一の男系嫡孫である義太郎は、その翌年大正八年（一九一九）三月に谷中の富二の墓標の傍ら（右側）に記念碑を建立したのであった。義太郎は当時二十二歳、東京帝国大学法学部一年生であった。義太郎は、富二が亡くなってから五年後の明治三十年（一八九七）に築地の平野家で生まれ、祖父の顔を見ることなく育っている。

（了）

おわりに

平野富二のような素晴らしい人物を、郷土長崎の人々がほとんど誰も知らないことに、私は日ごろから怒りにも似た思いを持っていた。

しかし、この度長崎文献社から「伝記　平野富二」を課題として与えられたとき、己もまたいかに無知であることかを思い知らされた。富二の伝記を書く筆力も知識もない私が、ともかく最後まで書き終えることができたのは、つぎに紹介する方々のお力のお蔭である。

参考文献とご提供、ご助言を賜った方々

片塩二朗『富二奔る　近代日本を創ったひと・平野富二』朗文堂（二〇〇二年）

古谷昌二『平野富二伝　考察と補遺』朗文堂（二〇一三年）

高松　昇『平野富二の生涯　上・下』ＩＨＩ（二〇〇九年）

このほか参考にした『長崎製鉄所』（楠本寿一著）、『杉山徳三郎』（杉山謙二郎著）、本木昌造・平野富二詳伝など数多いが、それらのほとんどが片塩氏、古谷氏、高松氏の著作のなかに尽くされているので、あえて詳しくは紹介しなかった。また、さらにいうならば、平野富二の人となりや業績などを詳しく知るためには、御三人の著作を読まれるならば拙作以上によくわかるのではないだろうか。

本書の意義は、平野富二という人物が、日本の近代化に当って疾風怒涛のように生き抜いたことへの感想文であると思っていただければ幸いである。

冒頭に長崎人への苦情を述べたが、今回平野富二の人生を調べるにあたって強く感じたことは、郷土長崎の偉人たちを研究している人々は、長崎以外の他地域の方々が意外にも多いということであった。江戸から明治にかけて、日本が近代化していくにあたって、長崎に留まることなく、東京や大阪など全国各地で活躍した長崎出身の先覚者が非常に多いことにも気付かされた。

長崎に生を受け、恵みを受けて生きている長崎人は、郷土の先人の業績をもっと知るべきである。そのためには、他地域の人々から深く学ばなければならない。交流しなければならない、と思っている。

最後になったが、大切な写真・図版・文献等を数多くご提供いただき、自由に使うことをお許しくださった片塩二朗様と平野富二のご子孫の方々に深く感謝して結びとしたい。

平野富二年表

年号（西暦）	年齢（数え）	平野富二関連	※その他
弘化三年（一八四六）	一歳	八月十四日、矢次豊三郎次男として引地町（現・桜町）に誕生	
嘉永元年（一八四八）	三歳	父豊三郎死	
嘉永六年（一八五三）	八歳	手習、書読を学び始める	※六月三日ペリー、七月十八日プチャーチン来航
安政二年（一八五五）	十歳		※長崎海軍伝習所開設
安政四年（一八五七）	十二歳	長崎奉行所隠密方御用番となる	
文久元年（一八六一）	十六歳	長崎製鉄所機関方見習	※長崎製鉄所第一期工事完成
文久三年（一八六三）	十八歳	長崎製鉄所備船チャールズ号を運転して初航海 長州藩蔵屋敷の吉村家の養子となる	
元治元年（一八六四）	十九歳	富二運転のヴィクトリア号遠州灘で遭難、八丈島に漂着	※幕府、長崎の長州藩屋敷を没収する
慶応元年（一八六五）	二十歳		※大浦天主堂完成

慶応二年（一八六六）	二十一歳	幕府軍艦回天の一等機関手として下関戦争に参加、幕府の海軍を退職 養家吉村家と離縁、平野と名乗る	※薩長連携する
慶応三年（一八六七）	二十二歳	坂本龍馬に誘われ、土佐藩蒸気船機関方となる 藩船若紫号を運転 イカルス号事件の証人として高知・長崎で取り調べ 十二月六日土佐藩から解任される	※イカルス号事件、浦上四番崩れ ※大政奉還
慶応四年（一八六八） ＝ 明治元年（一八六八）	二十三歳	長崎製鉄所機関方に任用され、朝陽に搭乗 朝陽の故障で本木とともに京都・大坂へ 鉄橋架橋	※明治維新
明治二年（一八六九）	二十四歳	機関方から製鉄所元締役助へ、小菅修船所の初代責任者となる 立神修船所建設を建議、ドック建設の陣頭指揮に当たる	※本木昌造製鉄所を退職

明治三年（一八七〇）	二十五歳	長崎県権大属に任じられ、長崎製鉄所頭取となる 新町活版所設立	
明治四年（一八七一）	二十六歳	長崎製鉄所を退職 本木昌造の要請を受け活版事業の再建へ	※製鉄所、工部省に所管替え
明治五年（一八七二）	二十七歳	駒と結婚、外浦町に新居を構える 身分を平民とし、富二と改名 社員八名と活版製造所を開設するため上京	
明治六年（一八七三）	二十八歳	築地に活版印刷製造所を開業 長女こと誕生	
明治七年（一八七四）	二十九歳	昌造が築地の新工場を視察	
明治八年（一八七五）	三十歳	昌造再上京後帰途京都で発病、九月七日長崎で病死 長女こと夭折、次女つる（津類）誕生	
明治九年（一八七六）	三十一歳	横浜製鉄所の経営に一時加わる 石川島平野造船所を設立	

明治十年（一八七七）	三十二歳	京・大阪に一カ月滞在。持病発病により帰京	※西南の役、第十八銀行開業
明治十一年（一八七八）	三十三歳	長崎で本木昌造の没後三年祭	
明治十二年（一八七九）	三十四歳	自家船通快丸で東京湾内の航路を開設	※長崎造船所第一ドック完成
明治十三年（一八八〇）	三十五歳	横浜製鉄所を「横浜石川口製鉄所」として併合 新潟の信濃川輸送船「安全丸」を製造 函館の船舶用器械造修会社設立を企画	
明治十四年（一八八一）	三十六歳	上野で開催した内国勧業博覧会に船用蒸機関を出品 三女きみ誕生 一等有功賞を受賞。新潟＝佐渡間運送会社を設立	
明治十五年（一八八二）	三十七歳	ドコビール軽便鉄軌の販売権を取得	
明治十六年（一八八三）	三十八歳	横浜石川口製鉄所の建物、施設、機械を石川島に移設	
明治十七年（一八八四）	三十九歳	平野土木組設立、鉄道敷設を請け負う	※三菱、長崎造船所を借り受ける

明治十八年（一八八五）	四十歳	活版事業を築地と大阪の製造所に分業独立 築地「東京築地活版印刷所」社長を務める 石川島の社名を「東京石川島平野造船所」とする 渋沢栄一、伊達家、鍋島家から十万円の資金援助	
明治十九年（一八八六）	四十一歳	脳溢血を発症し静養	※兵庫造船所は川崎正蔵に払い下げ
明治二十（一八八七）年	四十二歳	砲艦「鳥海」進水式に東宮殿下（のちの大正天皇）が臨席 吾妻橋の鉄部組立完成、十二月九日開通式	※政府、三菱に長崎造船所を払い下げ
明治二十一年（一八八八）	四十三歳	東京平野土木組、富二の健康問題により廃業	
明治二十二年（一八八九）	四十四歳	石川島平野造船所を株式会社「有限責任東京石川島造船所」と改組 平野富二は常任委員となる	※長崎市誕生人口約五・五万人 ※日本国憲法公布

明治二十三年（一八九〇）	四十五歳	浅草凌雲閣のエレベータを受注 琵琶湖疎水の水力発電に助言、百二十馬力のペルトン水車二台を納入	
明治二十四年（一八九一）	四十六歳	能美鉱業所の経営を受託 お茶の水橋竣工	※本河内高部水源地完成
明治二十五年（一八九二）	四十七歳	能美鉱業所の経営受託を辞退 厩橋の鉄部製作受注 日本橋小舟町の料亭で水道鉄管国産化について演説中に倒れる 十二月三日午前一時十五分死去、脳出血による	

参考文献

片塩二朗『富二奔る　近代日本を創ったひと・平野富二』朗文堂二〇〇二
古谷昌二『平野富二伝　考察と補遺』朗文堂二〇一三
高松　昇『平野富二の生涯　上・下』ＩＨＩ二〇〇九
楠本寿一『長崎製鉄所』中公新書一九九二
杉山兼二郎『明治を築いた企業家　杉山徳三郎』碧天舎二〇〇五
三谷幸吉『本木昌造詳伝』同書頒布刊行会一九三三
越中哲也『慶応元年明細分限帳』長崎歴史文化協会一九八五
藤井哲博『長崎海軍伝習所』中公新書一九九一
三菱造船『創業百年の長崎造船所』三菱造船一九五七
森永種夫『長崎幕末史料大成』長崎文献社一九七一
大村史談会『九葉実録』大村史談会一九九六
土居良三『幕末　五人の外国奉行』中央公論社一九九七
高村直助『永井尚志』ミネルヴァ書房二〇一五
新街活版所『本木先生行状記』写本（コピー）明治二十年
東京築地活版製造所『故本木先生小伝』東京築地活版製造所明治二十七年
江越弘人『逃げる男活版印刷の祖　本木昌造』長崎新聞社二〇〇三
鳥屋政一『本木昌造伝』朗文堂二〇〇一
松尾篤三『曲田成君略伝』東京築地活版製造所明治二十八年

著者略歴

江越　弘人（えごし　ひろと）

1935年長崎市生まれ。1959年長崎大学学芸学部卒。長崎県公立学校教員（小学校）を歴任。1996年定年退職。現在、長崎の歴史・文化をテーマに講演や町歩きガイドをこなす。
著書：『白帆注進』（共著　長崎新聞社刊）、『逃げる男　活版印刷の祖本木昌造』（長崎新聞社刊）、『トピックスで読む　長崎の歴史』（弦書房刊）、『幕末の外交官　森山栄之助』（弦書房刊）など。

長崎偉人伝

平野富二

発行日　2019年5月30日　初版第1刷

著者　江越　弘人（えごし　ひろと）

発行人　片山　仁志

編集人　堀　憲昭

発行所　株式会社 長崎文献社
〒850-0057　長崎市大黒町3-1　長崎交通産業ビル5階
TEL095-823-5247　ファックス095-823-5252
HP:http://www.e-bunken.com

印刷・製本　株式会社 インテックス

ISBN978-4-88851-314-2　C0023